KB189439

생태농업, 과학과 정치

AGROECOLOGY: SCIENCE AND POLITICS
by Peter Rosset and Miguel Altieri

Copyright © 2017 Peter Rosset and Miguel Altieri

First published by Fernwood Publishing, Canada
Korean Translation Copyright © 2024 Tabi books

따비 스터디 004

.창하는 생태농업운동을 위한 메시지

생태농업,
과학과 정치

피터 M. 로셋·미겔 A. 알티에리 지음

윤병선 옮김

따비

편집인 서문

피터 로셋Peter Rosset과 미겔 알티에리Miguel Altieri가 쓴 《생태농업, 과학과 정치》는 '비판적 농업 연구 이니셔티브Initiatives in Critical Agrarian Studies'(이하 ICAS)의 '농업 변동과 농민 연구Agrarian Change and Peasant Studies' 시리즈의 제7권에 해당한다. 지금까지 헨리 베른스타인Henry Bernstein이 쓴 《농업 변동의 계급 동학》(엄은희·권오범 옮김, 따비, 2018)에서 시작해, 제2권 얀 다우 판 더르 플루흐Jan Douwe van der Ploeg의 《농민과 농업》(김정섭·유찬희 옮김, 따비, 2018), 제3권 필립 맥마이클Philip McMichael의 《식량체제와 농업문제》, 제4권 이언 스쿠네스Ian Scoones의 《지속가능한 생활과 농촌개발》, 제5권 마르크 에델만Marc Edelman과 사투르니노 보라스Saturnino M. Borras Jr.의 《국경을 초월한 농민운동》, 제6권 헨리 벨트마이어Henry Veltmeyer와 라울 델가도 와이즈

Raul Delgado Wise의 《농업 변용과 이민, 개발》이 간행되었다. 이 책을 포함한 일곱 권의 책은 오늘날 농업문제 연구에서 농업의 정치경제학적인 분석 관점이 갖는 전략적 중요성과 타당성을 재확인하고 있다. 이 시리즈로 계속 출판될 책도 마찬가지로 정치적으로 타당하고 과학적으로 엄격한 내용으로 채워질 것이다.

ICAS의 지적, 정치적 프로젝트와 관련해서 로셋과 알티에리가 쓴 이 책을 이해하는 데 도움을 주고자 이 시리즈에 관해 간략하게 설명하고자 한다.

오늘날 세계의 빈곤층 4분의 3이 농촌에서 살고 있을 정도로 지구적 빈곤은 여전히 농촌의 중요한 현상으로 남아 있다. 이 때문에 지구적 규모의 빈곤문제와 이를 해소하려는 다층적인 (경제적, 정치적, 사회적, 문화적, 성별, 환경 등) 노력은 농촌에서 일하는 사람들이 농촌의 빈곤이 계속 재생산되는 체계에 대한 저항 및 지속가능한 생활을 위한 투쟁과 밀접하게 연결되어 있다. 따라서 개발을 고려할 때 농촌개발에 집중하는 것은 중요하다. 농촌에 집중한다고 해서 농촌문제를 도시와 분리해서 봐야 한다는 것은 아니다. 농촌과 도시의 관계를 보다 잘 이해하는 것이 필요하다. 그 이유는 농촌을 빈곤에서 벗어나게 하려는 신자유주의적 정책이나 주류 국제 금융·개발기구들이 대규모로 진행하는 지구적 빈곤과의 전쟁은 농촌의 빈곤을 도시의 빈곤으로 대체하는 것에 불과할 수 있기 때문이다.

주류의 농업 연구는 자금 지원을 넉넉하게 받기 때문에 농업 문제에 관한 조사연구나 출판을 지배하고 있다. 세계은행을 비롯해 주류 사고를 확장해온 많은 기구는 세계에 폭넓게 보급하는 정책 지향의 출판물을 용이하게 만들어낼 뿐 아니라 홍보하는 기술도 능하다. 선도적인 학술기관에서 활동하는 비판적인 연구자들은 이러한 주류 접근방식에 대항할 수도 있지만, 일반적으로 학술적 범위를 벗어나지 못해 일반 대중에 대한 영향은 제한적이다.

과학적으로 엄격하면서 접근이 가능하고, 정치적으로 타당하며, 정책 지향적이며, 쉽게 접근할 수 있는 비판적인 농업 연구에 대한 학계(교사, 학자, 학생), 사회운동 활동가, 남반구와 북반구의 개발 실무자들의 요구에 응답할 필요가 있었다. 이러한 요구에 부응해 ICAS는 이 시리즈의 간행에 착수했다. 그 생각은 다음과 같은 중요한 문제의식에 근거해 특정 개발 이슈를 설명하는 '최근의 논의를 소개하는 소책자'의 출판으로 이어졌다. 특정 주제에 있어서 현재의 이슈와 논쟁은 무엇이며, 주요 학자와 사상가, 정책 실무자는 누구인가? 시간이 지나면서 그러한 입장은 발전했는가? 장래에는 어떠한 방향으로 나아갈 것인가? 중요한 참고 자료는 무엇인가? 비정부조직 전문가, 사회운동 활동가, 정부 개발원조 그룹과 전문가, 비정부 자선단체, 학생, 연구기관, 연구자, 정책 담당자가 이 책에 설명되어 있는 핵심사항에 비판적으로 관여하는 것이 얼마나 중요하며, 그 이유는 무엇인가? 이 시리즈의 각 책은 다양한 국가 및 지역의 경험 사례를 이론적·정책중심적 논의와 결합해 구성하고 있다.

이 시리즈는 영어 이외에 중국어, 에스파냐어, 포르투갈어, 인도네시아어, 태국어, 일본어, 한국어, 이탈리아어, 러시아어 등 다양한 언어로도 제공될 예정이다. 각 나라 번역판의 협력자는 다음과 같다.

- 중국어: Ya Jingzhong, 중국농업대학교(베이징) 인문개발대학과 협력.
- 에스파냐어: 멕시코의 자카테카스자치대학교 박사과정 연구프로그램 소속의 Raúl Delgado Wise, 에스파냐 바스크 농민연합의 Xarles Iturbe, 볼리비아 '대지의 기금Fundacion Tierra'의 Gonzalo Colque.
- 포르투갈어: 브라질의 파울리스타대학교의 프레지덴테 프루덴테캠퍼스의 Bernardo Mançano Fernandes, 브라질의 리오그란데도수르연방대학의 Sergio Schneider.
- 인도네시아어: 가자마다대학교University of Gadjah Mada의 Laksmi Savitri.
- 태국어: 치앙마이대학교University of Chiang Mai의 '사회과학과 지속가능한 개발을 위한 지역센터RCSD'의 Chayan Vaddhanaphuti.

- 이탈리아어: 칼라브리아대학교University of Calabria의 Alessandra Corrado.
- 일본어: 교토대학의 Shuji Hisano, 긴키대학의 Koichi Ikegami, 메이지학원대학의 Sayaka-Funada-Classen.
- 한국어: 농업농민정책연구소 녀름의 송원규.
- 러시아어: 러시아 '국가경제와 공공정책 대통령 아카데미 RANEPA'의 Teodor Shanin과 Alexander Nikulin.

'농업 변동과 농민 연구' 시리즈의 목적을 생각할 때, 우리는 로셋과 알티에리가 쓴 이 책을 발행하게 되어 기쁘다. 지금까지의 시리즈는 주제, 접근성, 관련성, 엄밀성 등을 충족했으며, 우리는 이 중요한 시리즈를 지속적으로 발전시켜나갈 것이다. 끝으로, 이 책은 로자 룩셈부르크 재단Rosa Luxemburg Foundation과 트랜스내셔널 연구소TNI의 재정적 지원과 협력으로 간행되었다는 것을 덧붙인다.

사투르니노 M. 보라스Saturnino M. Borras Jr.,
루스 홀Ruth Hall, 크리스티나 쉬아보니Christina Schiavoni,
막스 스푸어Max Spoor, 헨리 벨트마이어Henry Veltmeyer
ICAS 농업 변동과 농민 연구 시리즈 편집인 일동

옮긴이 서문

  이 책은 생태농업을 농학이라는 기술적 접근을 넘어서서 정치경제학적 접근을 담고 있다. 원서 제목인 agroecology는 한국에서 일반적으로 '농생태학'으로 번역하고 있으나 본 번역서의 제목은 '생태농업'으로 삼았다. 그 이유는 책의 주요 내용이 생태농업의 자연과학적 측면을 넘어서서 생태농업의 전파를 위한 실천적 고민을 담고 있기 때문이다. 또한 자연과학으로서 농생태학의 원리는 오랜 기간에 걸쳐 세계 여러 지역의 농민들이 축적해온 지혜와 실천의 산물일 뿐만 아니라 생태농업이 대안농업으로서 위치를 명확히 하고 있는 상황에서, agroecology를 '농생태학'으로 번역하면 자연과학의 한 영역으로 축소되어 받아들여질 수도 있겠다는 우려도 있어서다.

  본서는 서장을 포함해 모두 6개의 장으로 구성되어 있다. 서장 '기로에 선 생태농업'에서는 생태농업이 지속가능하지 않은 현재의 기업먹거리체계를 전환할 수 있는 다양한 실마리를 제공하지만, 지난 수십 년 동안 제대로 평가받지 못했다는 점을 지적한다. 최근에 이런 분위기가 많이 바뀌기는 했지만, 국제기구나 정부기관 등 주류 기구들은 생태농업을 왜곡하여 기업먹거리체계를 연명하기 위한 수단으로 활용하려 하고 있다는 점을 강조하고 있다. 그러면서 생태농업이 견지해야 할 관점의 중요성과 함께 생태농업이 부유한 사람들을 위한 틈새시장 정도로 축소되어서는 안 된다는 점을 주장한다.

제1장 '생태농업의 원리'에서는 생태농업이 농민과 선주민 등이 실천해온 전통적 토착지식을 기반으로 하는 영농방식이며, 화학비료와 농약 등 외부 투입재에 주로 의존하는 단일작물 재배와는 대극에 있다는 점을 강조한다. 생태농업은 혼작이나 간작, 혼농임업, 경축순환, 피복작물 등을 활용한 농법을 통해 생태계 서비스를 활성화한다는 것이다. 그러면서 생태농업에 있어서 중요한 것은 기술적 지침이 아닌 원리라는 점에 초점을 맞춘다.

제2장 '생태농업 사상의 역사와 현재'에서는 생태농업의 기초를 이루는 다양한 연구와 실천을 소개하면서, 생태학과 농학에 기반한 초창기의 농생태학을 넘어서서 사회과학과 결합하게 되는 과정을 서술하며 그 의미를 평가한다. 아울러 농민의 창의성과 주도성이 생태농업의 추진에서 가장 중요한 자원임을 강조

한다. 또한, 유기농업, 공정거래, 에코농업, 에코페미니즘 등을 농생태학의 흐름과 함께 살펴보면서 현재의 관행적 유기농업에 대해서는 매우 비판적인 의견을 내고 있다. 외부 농자재에 대한 의존도가 관행농업과 별반 다르지 않은 영농체계와 먹거리의 안전이라는 것에 방점이 찍힌 현재 상황에서 소수를 위한 먹거리 생산으로 흘러가고 있는 현실을 비판한다. 반면 에코페미니즘이 생태농업의 과정에서 본질적인 부분이라는 점을 지적한다. 즉, 생태농업이 여성농민의 권리를 확보할 수 있는 영역을 만드는 데 기여하고 있으며, 또한 여성농민의 권리 확보가 생태농업의 전파에 이바지한다는 점을 강조한다.

제3장 '생태농업을 뒷받침하는 증거'에서는 농업과 먹거리에 관련된 권력의 변화 없이는 먹거리의 생산 증가만으로 기아가 완화될 수 없다는 점을 지적하면서, 생태농업의 체계가 고투입체계에 비해 경제적, 사회적, 생태적 측면에서 유리하다는 점을 밝힌다. 농민농업의 장점에 관해서도 여러 사례를 통해 조명하면서, 생태농업에 기반한 영농 형태가 농업·농촌의 회복력을 높인 다양한 사례를 인용한다. 특히 '농민에서 농민으로' 전파하는 수평적 학습방식이 이룬 성과를 자세하게 설명한다.

제4장 '생태농업의 전파'에서는 유기농업이나 생태농업이 소수파에 속하는 상황에서 이를 어떻게 전파할 것인가의 문제를 다룬다. 사회운동으로 성장하고 있는 생태농업이 원활하게 전파되

기 위해서는 확충과 확산이라는 두 가지 차원에서 접근할 필요가 있다고 설명한다. 확충에서도 기능적 확충과 정치적 확충, 조직적 확충이라는 세 가지 방식을 제안하고, 이를 수평적 확충과 수직적 확충으로 세분하면서, 사회운동으로서 생태농업의 전파를 설명한다. 아울러 생태농업의 전파를 가로막는 장벽을 지적하고, 이를 넘어서기 위한 운동의 조직화에 대한 필요성을 강조한다. 농민들의 자기조직화 과정을 통한 생태농업의 전파는 관행적 기술보급과 그 방식이 근본적으로 다르다는 점을 실례를 통해 보여준다.

제5장 '생태농업의 정치'에서는 많은 주류 기구가 늦게나마 생태농업을 인정하기에 이르렀지만, 여전히 생태농업을 기술적 차원으로 협소하게 폄하하고 있다는 점을 지적한다. 대표적인 예로, 기후 스마트 농업이 기존의 권력구조를 그대로 유지하기 위해 생태농업을 활용하는 일종의 위장술이라는 점을 지적한다. 주류 기구들은 생태농업이 가진 변혁적 잠재력에 주목하기보다는 기술적 선택지로 간주하고 있으며, 이 때문에 오히려 생태농업이 실질적으로 위협받고 있다는 점을 지적한다. 특히 제도권의 주류 기구들과 시민사회 진영이 서로 다른 생태농업의 비전을 갖고 있음을 대비시켜 설명한다. 더욱이 식량 위기와 기후 위기에 직면한 자본주의가 이 위기를 극복하는 방편으로 생태농업을 자본이 주도하는 체계 속에 편입하려고 시도하고 있기에, 이

에 저항하기 위해 기술중심적 생태농업운동이 아닌, 정치적 생태농업이 될 수밖에 없다는 점을 강조한다.

저자들은 이 책에서 전반적으로 생태농업을 시장에 대한 의존의 최소화와 연결지어 강조하고 있다. 외부 투입재 시장에 대한 의존을 줄이기 위한 노력은 '농업의 악순환'을 끊어낸다는 점에서 의미 있는 지점이지만, 이를 자급의 생산체계와 연결짓는 경우도 있다. 타인의 노동에 상당 부분 의존할 수밖에 없는 경영자적 농업만이 아니라 농민농업도 시장을 염두에 두지 않고는 농업 생산이 불가능한 시대에 살고 있는 우리로서는 받아들이기 어려운 지점이다. 또한 녹색혁명형 농업에 기반한 관행농업이 주도하고 있는 한국의 상황에서 생태농업이 주도하는 영농이 확산할 수 있을까 하는 의문도 갖게 된다. 친환경인증(유기+무농약) 경지는 전체 경지면적의 4.5% 정도에 불과하고, 친환경 유기농산물의 생산량은 감소 내지 정체되어 있다. 기후 위기가 재난이 되는 현재 상황에서 관행농업의 대안으로 무농약농업과 유기농업을 포함해서 생태농업에 관심을 두는 것은 당연하다고 할 수 있지만, 이 책에서 강조하는 생태농업을 현장에서 실천하는 것이 과연 가능할까 하는 두려움도 갖게 된다.

이러한 의문을 넘어서서, 이 책이 기후 위기 시대에 농업을 지킬 수 있는 강력한 대안이 생태농업이라는 점을 확인해주는 것은 분명하다. 우선, 여러 조사 결과를 바탕으로 생태농업이 가혹한 기후조건에 대한 탄력성에서 관행농업에 비해 훨씬 우월하다는 점을 밝히고 있다. 일상적인 조건에서도 총생산량이라는 관점에서 파악하면 생태농업이 단작보다 우위에 있다는 점을 보여준다. 또한, 생태농업이 농업 생산 과정에 투입되는 노동력을 줄일 수 있다는 점을 밝힌다. 흔히 유기농업을 포함해 생태농업은 노동의 투입이 많을 수밖에 없다는 통념과는 달리, 노동을 절약할 수 있는 농업이라는 것을 실증자료를 통해 입증하고 있다. 아울러 생활의 측면에서도 생태농업으로 더 나은 수입과 더 좋은 먹거리, 더 다양한 소득원을 제공한다는 점도 사례를 통해 보여준다.

그러나 우리 농업과 농촌의 상황을 돌아보면 생태농업이 우리에게 대안이 될 수 있느냐 하는 의문을 여전히 지울 수 없다. 이 책에서 소개하는 사례 대부분은 중남미, 아프리카, 인도 등 저개발국에 집중되어 있다. 한국처럼 전면적인 산업화가 오래전부터 진행되어온 지역에서는 농업의 산업화가 상당 부분 강고하게 자리 잡았고, 관행농업의 패러다임은 단지 영농방식을 넘어서서 우리의 사고를 지배하고 있는 것이 사실이다. 더욱이 농민들의 탈농화가 진행되어 농가호수 100만, 농가인구 200만이 무너지고 있는 상황에서, 예전부터 내려오던 농農의 지혜를 살려내고, 이를 '농민에서 농민으로' 전파하는 활동이 우리 현실에서 가능할 수 있을지도 의문이다.

그러나 이 책에서 강조하고 있듯이 생태농업을 기술로 바라보기 이전에 원리로 바라봐야 한다는 관점을 상기해본다면, 이 책이 우리에게 시사하는 바는 크다. 특히 최근에 스마트 농업, 푸드테크 등 자본과 더욱 깊숙이 결합한 영농기술이 중앙정부와 지방정부의 지원정책에 힘입어 세력의 확산을 꾀하고 있는 상황에서 농민이 주도하는 농업이 어떻게 가능할까라는 고민에 대한 해답을 얻을 수 있다. 거대 농기업, 농업 관련 기술자본이 주도하는 기후 위기 대응책이 갖는 근본적인 한계를 인식하고, 관행화의 악순환에 빠져 있는 현재의 유기농업이 자본에 저항하는 생태농업으로 전환하는 계기가 마련될 수도 있을 것이다.

생태환경이나 사회경제적 환경에 많은 차이가 있는 세계의 여러 지역에서 이루어지는 생태농업 실천 사례들을 적절한 우리말로 옮기기는 쉬운 일이 아니었다. 이런 이유로, 필요한 경우 원서의 영문을 나란히 적어서 이해를 돕고자 했다.

기후 위기와 농업 위기, 먹거리 위기가 중첩되는 가운데 오늘의 농업·농촌의 현실은 더 큰 위기 속에 빠져 있다. 이럴 때일수록 근원적인 관점에서 문제를 파악하는 노력이 필요할 수 있고, 그 출발은 산업적 농업으로 표상되는 현재의 농업·먹거리체계에 대한 더 깊은 성찰이라고 할 수 있다. 이 책이 이러한 성찰을 더욱 깊게 하는 계기가 된다면, 그리고 한국의 생태농업운동에 기여할 수 있다면, 옮긴이로서 더 큰 영광은 없을 것이다. 이 책의 출판을 흔쾌히 받아준 따비의 박성경 사장과 수고를 아끼지 않은 신수진 편집장께 감사의 말씀을 전한다.

2024년 10월

윤병선

차례

편집인 서문 5
옮긴이 서문 10

서장   기로에 선 생태농업 20

제1장   생태농업의 원리 30
전통적 영농체계의 농생태학적 특징 34
생태적 매트릭스 45
다양한 영농체계를 만드는 원리 49
농장의 농생태적 전환 62

제2장   생태농업 사상의 역사와 현재 74
역사적 기초 75
농촌개발 82
농민 연구와 재농민화 87
대안농업의 다른 흐름 94
자연의 매트릭스 104
에코페미니즘 104

제3장   생태농업을 뒷받침하는 증거 108
농민농업의 확장과 중요성 111
농생태적 개입의 영향 평가 114
다양화된 영농체계의 성과 측정 139
기후변동성에 대한 회복력 145

제4장 생태농업의 전파 150

생태농업의 확충과 확산 152

생태농업 확충의 장애물과 장벽 156

조직화의 중요성 159

인도의 제로예산자연농업운동 165

사회운동과 농민 생태농업학교 168

전파를 달성하는 요소 171

사회적 조직, 사회적 과정 방식, 사회운동 176

제5장 생태농업과 정치 178

생태농업의 대립적인 영역 180

생태농업에 관한 논쟁 181

포획된 생태농업 188

정치적 생태농업과 사회운동 197

참고문헌 204

찾아보기 237

감사의 말 242

서장

기로에 선
생태농업

지난 몇 년 동안 생태농업(또는 농생태학)*이라는 단어가 농업기술에 대한 논쟁에 등장하고 있다. 그러나 말하는 사람에 따라 생태농업의 정확한 의미에는 큰 차이가 있다. 부정하고 싶은 사람도 있겠지만, 생태농업은 기술적·생물학적 측면에서 정치적 요소와 불가분의 관계에 있다. 생태농업에 관한 논쟁이 진행되고 있는 현재 상황이야말로 이 논쟁적인 분야의 과학과 정치를 요약하는 책이 필요한 시기임을 보여준다.

농생태학은 농생태계의 활동을 연구하고 설명하려는 과학이라고 할 수 있다. 농생태학은 주로 농생태계의 생물학적·생물물리학적·생태적·사회적·문화적·경제적·정치적 메커니즘, 기능, 관계성, 계획(디자인) 등의 내용을 대상으로 한다. 또한 위험한 화학물질을 사용하지 않고 더욱 지속가능한 방식의 영농을 가능하게 하는 일련의 실천으로 알려져 있다. 아울러 생태적으로 보다 지속가능하며, 사회적으로 보다 정의로운 영농을 추구하는 운동으로 알려져 있다(Wezel, Bellon, Doré et al. 2009). 세계화된 기업먹거리체계**는 지속가능하지 않은 산업적 농업에 주로 의존하고 있으며, 온실가스 배출의 주요한 근원인 한 줌의 거대 기업

---

* 원서의 agroecology는 문맥에 따라 '생태농업' 또는 '농생태학'으로 옮겼다.

에 의해 지배되고 있으며, 건강하지 못한 먹거리를 더 많이 생산하고 있다(Lappé, Collins and Rosset 1998; Patel 2007; ETC Group 2009, 2014). 생태농업은 이 체계를 전환할 수 있는 다양한 실마리를 제공한다. 그러나 지난 수십 년 동안 생태농업 연구자, 연구기관, 비정부조직NGOs, 생태농업 농가와 농민, 활동가 등 생태농업 옹호자agroecologist는 기득권층으로부터 무시되거나 조롱당했으며, 몽상가, 훈계자, 급진주의자, 사기꾼 또는 그보다 더 나쁜 사람으로 낙인찍히기도 했다(Giraldo and Rosset 2016, 2017).

그러나 상황은 크게 바뀌었다. 주류 대학, 연구소, 민간기업, 정부기관 및 국제기구가 온실가스, 기후변화, 토양 침식, 수확량의 감소 등 지구적인 먹거리체계가 직면한 긴급한 문제를 해결하는 잠재적 원천으로 생태농업을 갑자기 '발견'한 꼴이 되었다. 그런데 이들이 제창하는 생태농업은 원래의 창안자들이 제안했던 생태농업과는 기술적·정치적 내용이 전혀 다른 경향을 갖는 "기후 스마트climate smart 농업"(Delvaux, Ghani, Bondi and Durbin 2014; Pimbert 2015)이나 "지속가능한 집약화"(Scoones 2014)와 같은 암시적인 타이틀로 포장되어 있고(Carroll, Vandermeer and Rosset 1990; Altieri 1995; Gliessman 1998; and many others), 이 때문

** (앞쪽) 기업이 주도하는 먹거리체계corporate food system. 1980년대 이후 신자유주의 자유화가 확산되면서 초국적 농기업의 영리활동에 대한 규제가 대폭 완화되었고, 이들이 농업과 먹거리 전반에 대한 영향력이 커지게 되었다는 점을 강조하는 개념이다.

에 무엇이 진짜 생태농업인지에 관한 논쟁의 장이 만들어지고 있다.

2014년 9월 18~19일에 이탈리아 로마에서 국제연합UN 산하 식량농업기구(이하 FAO)가 생태농업을 주제로 한 공식적인 행사를 처음으로 열었다. 이 '먹거리 보장과 영양을 위한 생태농업 국제심포지엄International Symposium on Agroecology for Food Security and Nutrition'에는 400여 명이 참가하여 교수, 연구자, 민간 부문, 정부관료, 시민사회단체 및 사회운동 지도자를 포함한 50명 이상의 전문가로부터 의견을 들었다. FAO 사무총장인 조제 그라지아노 다 시우바José Graziano da Silva는 심포지엄 폐회사에서 "30년 동안 녹색혁명의 대성당이었던 이곳에 창문이 열렸다."[1]면서, "생태농업은 과학으로서도 정책으로서도 계속 발전하고 있다. 생태농업은 기후 변동에 적응하면서 기아와 영양실조에 종지부를 찍어야 한다는 도전에 대응한 접근방식이다."라고 말했다. 그는 세계가 심각한 문제에 직면해 있기 때문에 모든 방법을 동원해야 한다면서, "생태농업은 화학물질의 사용 감소나 유전자조작 작물의 이용 등과 함께 유망한 선택지"라고 단언했다(FAO 2015). 이는 세계은행과 몬산토의 주장과 일치한다. 이에 대해 생태농업 옹호자들이 거세게 반발했다. 이들은 생태농업이 유전자조작 작물(이하 GMO)과 양립할 수 없으며, 공존할 수 없다고 계속 주장해왔기 때문이다(Altieri and Rosset 1999a, b; Altieri 2005;

Rosset 2005).

　생태농업에 관한 높은 수준의 새로운 토론이 주목받는 가운데, 프랑스, 세네갈, 알제리, 코스타리카, 일본, 브라질 및 유럽연합의 농업부 장관들이 참여한 폐막 토론회가 개최되었다. 그런데 생태농업의 논쟁적인 성격이 강조되면서 FAO 미국 대표는 토론회 개최 자체를 처음부터 저지하려 했다. 결국 토론회가 개최되기는 했지만, FAO와 사전협의를 통해 "본질적으로는 정치적이지 않고, 기술적인 것"이어야 하며, 무역정책이나 GMO, 사회운동 진영이 강조하고 있는 '식량주권'의 개념 등과 관련된 세션은 구성하지 않기로 합의한 상태에서 열린 것이었다.

　이 토론회를 통해 생태농업이 두 개의 진영으로 크게 나뉘었다는 점이 분명하게 드러났다. 제도적 진영institutional camp*에서는 생태농업을 토양, 물, 기능적 생물다양성과 같은 생산자원의 생태적 악화로 인해 발생하는 생산성 저하와 생산비용 상승, 그리고 온실가스 방출에 직면해 있는 산업적 먹거리industrial food**생산에 도움이 되는 일련의 추가적인 수단으로 간주한다. 이들은 '지배적인 모델'을 조금이라도 더 지속시키기 위한 방법으로

---

* FAO를 비롯한 국제기구나 기관, 정부 또는 기관, 협회 등 주류 기구를 일컫는다

** 녹색혁명형 농업체계 속에서 혹은 그 연장선에서 만들어진 먹거리로, 일반적으로 가공식품도 포함한다.

생태농업적 수단을 바라보고 있으며, 배후에 있는 권력관계나 대규모 단작의 구조에 도전하는 것은 용납하지 않았다. 이에 반해 과학자, 활동가, 생태농업 실천농민, 비정부조직, 사회운동가 등으로 구성된 진영에서는 생태농업을 산업적 먹거리 생산의 대안으로, 인간과 환경에 더욱 이로운 먹거리체계로의 전환을 위한 지렛대로 본다(LVC 2014).

생태농업은 주류 기구의 견해를 수용할 것인가를 두고 중요한 투쟁의 기로에 서 있다. 간디가 한 말을 인용하면 다음과 같다. "그들은 처음에는 당신을 무시하고, 그러고 나서는 비웃고, 그다음에는 당신과 싸우고, 그러고 나면 당신을 끌어들이려고 시도하고, 마지막에는 당신의 생각을 탈취하여 그들의 것으로 만들어서 이익을 독차지한다." 생태농업도 이러한 과정을 밟아가고 있다. 무시하고, 비웃고, 싸움을 거는 단계를 거쳐 이제는 빠르게 포획하려는 단계에 직면해 있다. 생태농업을 포획하려는 자들은 생태농업이 정치적인 내용을 가지고 있다는 사실을 부정하고자 한다.

반면, 생태농업을 옹호하는 사람들은 생태농업이 본질적으로 정치적이지 않을 수 없다는 점을 항상 강조한다. 이런 사실은 앞서 언급한 FAO 사건이 발생하고 난 후 불과 5개월 만에 명확하게 드러났다. 이 토론회의 대척점에 있는 토론회가 2015년 2월 24~27일에 서아프리카 말리의 닐레니Nyéléni에서 지구적 농민연

대조직인 비아 캄페시나La Via Campesina*가 주도하는 사회운동 진영의 '국제생태농업포럼International Forum for Agroecology'으로 개최되었다(IPC 2015).

이 포럼은 변혁을 위한 생태농업의 비전을 더 많이 공유하고, 각 부문(농민, 노동자, 선주민, 유목민, 영세어민, 소비자, 도시빈민 등)이 경계를 넘어 함께 협동하고, 생태농업을 계속 지켜나가고, 이를 '아래로부터' 만들어나감으로써 예견되는 포획의 위협에 대응하는 것을 목적으로 조직되었다. 이 포럼의 선언문에서 대표자들은 "생태농업은 정치적이다. 이를 위해 사회의 권력구조에 도전하고 변혁해야 한다. 세상을 먹여 살리는 사람들의 손에 종자, 종다양성, 토지와 영역, 물, 지식, 문화와 공유자원에 대한 통제권을 맡겨야 한다."(LVC 2014)고 밝혔다.

여기에서 이들은 FAO 심포지엄이 보여줬던 제도적 관점과는 매우 다른 생태농업의 비전을 제시했다(LVC 2014).

생태농업은 먹거리체계 내에서 산업적 먹거리 생산과 이른바 '녹색혁명과 청색혁명**'이 침탈한 우리의 물질적 현실을 어떻게 변혁하고 복구할 것인지에 대한 해답이다. 생태농업은 생명보다 이윤

---

* '농민의 길'. 1993년에 조직된 초국가적인 농민운동조직. 81개 국가의 182개 조직이 참여하고 있으며, 한국의 전국여성농민회총연합(전여농)과 전국농민회총연맹(전농)이 회원조직으로 활동하고 있다.

을 우선시하는 경제체계에 대한 일련의 저항 형태다. … 산업적 모델로 기후 위기와 영양실조 등의 문제를 진정으로 해결하기는 불가능하다. 우리는 이를 변혁해야 한다. 농민, 어민, 목축민, 선주민, 도시농민 등에 의한 진정으로 생태적인 먹거리 생산에 기초해 도시와 농촌을 새로 연결하는 우리 스스로의 지역먹거리체계를 만들어야만 한다. 생태농업이 산업적 먹거리 생산모델의 수단이 되는 것을 용인해서는 안 된다. 생태농업은 이에 대한 대안이며, 인류와 어머니 대지를 위해 더 나은 먹거리를 생산하고 소비할 수 있도록 변혁하는 수단이다.

생태농업이 위에서는 주류 기구들로부터, 아래에서는 운동으로부터 주목받게 되면서, 대학에 생태농업 교과 개설도 이루어지고 정부 부처에 생태농업 부서와 프로그램 설치, 정책 입안 등이 붐을 이루고 있다. 그렇다면, 어떤 관점이 생태농업을 대표해야 할 것인가? 어떤 관점에 입각해 연구비 지원이나 영농대출이 결정되어야 할 것인가? 이러한 영농대출은 먹거리체계의 거대 기업이 받을 것인가, 아니면 농민이나 농가가 받을 것인가? 생태농업을 통해 모두를 위한 더 나은 건강한 먹거리체계로 변혁될 것

** blue revolution. 농업의 녹색혁명에 빗대 수산양식업의 기술적 확산을 가리킨다. 이로 인해 해양오염과 항생제 남용, 공동어장 침탈 등의 문제도 발생하고 있다.

인가? 아니면 기후 위기에 대한 사탕발림으로 얄팍하게 위선적인 사업을 계속하고, 다국적기업은 더 건강한 먹거리를 살 수 있는 부유한 사람들을 위한 틈새시장에서 예전과 변함 없이 유기농 가공식품 사업을 계속할 것인가?

따라서 이 책의 집필은 시의적절한 것으로 생각된다. 생태농업의 과학적 기초(제1장)와 생태농업의 역사(제2장)를 요약하면서 생태농업의 원리에 입각한 먹거리 생산은 더욱 생산적일 수 있으며, 더 낮은 비용을 필요로 할 뿐 아니라 환경에 미치는 부정적인 영향을 줄이고, 장기적 관점에서는 농업의 지속가능성을 높인다는 증거를 제시할 것이다(제3장). 우리는 생태농업을 보다 확산하기 위한 사회적·조직적 기반에 관해 검토할 것이다(제4장). 그리고 끝으로, 앞서 언급한 기로에 방점을 두고 생태농업의 정치를 살펴볼 것이다.

마지막으로 강조하고 싶은 것이 있다. 과학적이고 기술적인 생태농업의 원리는 소규모 생산체계나 대규모 생산체계 모두에 적용될 수 있지만(Altieri and Rosset 1996), 시리즈의 초점은 농업 변동과 농민 연구와 관련된 '거대한 주제에 대한 최근의 논의까지 요약하는 작은 책'에 맞춰져 있다. 따라서 여기에서는 생태농업의 범위를 농민과 가족농으로 한정해서 논의할 것이다. 지면의 제한 때문에 생태농업이 맞서는 기업적, 산업적 먹거리체계와 녹색혁명에 관한 폭넓고 밀도 있는 내용을 담지 못했다. 그러나 이에 관한 내용은 다른 문헌을 통해 확인할 수 있다(Lappé at al. 1998; Patel 2007, 2013; ETC Group 2009, 2014; and many others)

---

1 '녹색혁명'은 1960년대와 1970년대에 미국에서 제3세계로 '수출'된 다수확 종자, 화학비료와 살충제 등 '현대'의 산업적 영농기술을 묶어서 지칭하는데, 사회적 차별과 농생태계의 생산능력 상실이라는 부정적인 결과를 가져왔다(Patel 2013). 이 기간 동안 곡물 생산이 크게 증가한 것은 사실이지만, 극히 일부의 몇 몇 작물에 국한되었고, 생산 주체는 소수의 생산자에게 집중되었다. 불행하게도 같은 기간 동안 세계의 기아는 증가했다. 생태농업은 녹색혁명이 낳은 문제들을 해결하기 위한 주요한 대안으로 종종 제안된다(Lappé et al. 1998: Ch. 5).

제1장

생태농업의
원리

생태농업의 진정한 기원은 전 세계 개발도상국의 여러 지역에서 선주민과 농민에 의해 여전히 이루어지고 있는 농업의 생태적 원리에 있다(Altieri 1995). 생태농업 옹호자agroecologist'[1]들은 새로운 농업체계의 발전에 있어서 그 출발점은 전통적 농민이 수세기에 걸쳐서 발전시키고 이어온 바로 이 체계라고 본다(Altieri 2004a). 지역의 조건에 맞게 적응해온 복합적인 영농체계가 있었기에, 소규모 농가는 기계화, 화학비료, 살충제 또는 다른 현대 농업과학 기술에 의존하지 않으면서 열악한 환경을 지속적으로 관리하면서 자신들의 생활을 유지할 수 있었다(Denevan 1995).

전통적 농민은 자연에 관한 복잡한 지식을 활용해 급변하는 기후, 해충, 질병에 적응할 수 있었다. 뿐만 아니라 강건함과 고유한 회복력을 갖고 생물학적으로나 유전적으로 다양한 소규모 농가로 자리 잡을 수 있었고, 최근의 세계화와 기술보급 및 다른 현대적 추세에도 적응할 수 있었다(Toledo and Barrera 2009; Ford and Nigh 2015). 비록 이런 체계의 많은 부분이 붕괴되거나 사라졌지만, 아직도 수백만 헥타르에 이르는 경지는 예전부터 내려오는 전통적 관리방식으로 흙을 쌓아올린 성토 경작지raised field, 계단식 경작지, 복합 재배, 혼농임업混農林業 체계, 쌀-오리-물고기가 통합된 체계 등을 이용하고 있다.

이는 토착농업이 성공적인 전략이라는 것을 보여줄 뿐 아니라, 전통적 농민이 갖고 있는 '창의성'에 대한 찬사이기도 하다. 이들 소우주는 생물다양성을 증진시키고 외부off-farm 투입재의 도움 없이 번성할 수 있을 뿐만 아니라, 기후변화의 한가운데에서도 연중 고른 수확을 가능하게 한다는 점에서 새로운 농업의 희망 적인 모델이 되는 유산이기도 하다.

몇몇 서구 과학자는 토착농업의 토지 이용방식이 갖는 가치 와 함께, 이 방식이 기후변화의 적응/완화, 도시에 물과 먹거리, 에너지를 공급하는 중요한 역할을 수행한다는 것을 인식하기 시 작했다(De Walt 1994). 많은 생태농업 옹호자는 토착의 지식체계 가 지금의 복잡하고 긴급한 위기에 신속하게 적응하도록 도움을 줄 수 있으며, 또한 급속한 생태계 악화와 기후변화에 직면한 인 류가 필요로 하는 새로운 농업모델에 영감을 줄 수 있다고 주장 한다. 복합적인 생태적 모델에 기반을 두고 지속가능성과 회복력 을 확보하고 있는 전통적 농생태계의 장점은 생태농업 옹호자들 이 다양화된 농생태계가 작동하는 메커니즘을 이해하고, 새로운 농생태계를 구상하는 데 중요한 원리를 도출하는 풍부한 원천이 되고 있다(Altieri 2002).

농생태학은 토양, 작물 등에 관한 토착지식체계와 현대 생태학 및 농학을 결합한 것이다. 지혜의 결합을 촉진하고 현대 과학과 민족과학ethnoscience*의 요소를 통합함으로써 하나의 연관된 원

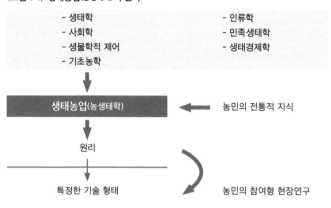

〈그림 1-1〉 생태농업(농생태학)의 원리

- 생태학   - 인류학
- 사회학   - 민족생태학
- 생물학적 제어   - 생태경제학
- 기초농학

생태농업(농생태학) ← 농민의 전통적 지식

원리

특정한 기술 형태   농민의 참여형 현장연구

리가 나오게 된다. 이것을 특정 지역에 적용할 때는 그 사회경제적, 문화적, 환경적 맥락에 따라 기술 형태가 달라진다(그림 1-1). 농생태학이 추구하는 것은 기술적 지침이 아니라, 원리다. 따라서 투입재보다는 농업의 생산 과정을 중시한다. 원리를 응용하여 소규모 농가의 요구와 상황에 적합한 기술을 만들려면 참가형 또는 농민 주도의 연구 과정으로부터 창출해내는 것이 이상적이다. 그러한 연구에서 농민은 연구 주제의 설정, 현장실험의 설계와 실행, 평가에 연구자와 함께 참여하게 된다.

* 비서구 사회에서 개발된 지식과 이론을 연구하는 학문. 서양과학에 속하지 않고 다양한 문화권에서 주장하는 세계, 자연, 인간생활 등에 관한 사상을 주로 연구한다.

전통적 영농체계의 농생태학적 특징

전통적 영농체계는 수 세기에 걸친 문화적·생물학적 공진화를 통해 만들어졌으며, 외부 투입재나 자본, 소위 과학적 지식에 의존하지 않고 농민의 축적된 경험으로 형성되었다. 농민은 지역에서 활용가능한 자원과 경험적 지식에 기반해 내부 의존도를 높이고, 시간과 공간을 감안해 배치한 다양한 작물, 수목, 가축 등의 재배와 사육을 기반으로 하는 영농체계를 발전시켜 왔다. 그러면서 자원과 공간의 제약, 변화가 극심한 열악한 환경을 극복해 수확의 안정을 꾀했다(Wilken 1987). 이와 같은 체계의 발전은 관찰뿐만 아니라 경험적 학습을 통한 지식에 의해 이루어졌다. 이러한 방식은 토착종자의 선택과 육종, 특정한 생물학적 제약을 극복하기 위한 새로운 재배방식의 실험에서도 두드러지게 나타난다. 대부분의 전통적 농가는 자신들의 주변, 특히 지역의 지리적·문화적 반경 안에서 얻은 풍부한 지식을 활용하고 있다(Brokenshaw, Warren and Werner 1980).

무수히 많은 농업체계는 역사적·지리적 특수성에도 불구하고, 대부분의 전통적 농생태계는 다음과 같은 여섯 가지의 뚜렷한 유사성을 갖는다.

1. 생태계의 기능을 조정하고 지역적으로나 지구적 차원에서 중요

한 생태계 서비스를 제공하는 높은 수준의 생물다양성

2. 농생태계의 효율성을 향상시키는 독창적인 경관과 토지·수자원
   의 관리·보전체계

3. 지역과 국가의 식량주권과 생계보장을 위한 다양한 생산물을 폭
   넓게 공급하는 다각화된 농업체계

4. 교란 및 (인적·환경적) 변화에 대처해 일상적인 변화와 예기치 못
   한 변동에 따른 위험을 최소화하는 회복력과 강건함을 발휘하는
   농생태계

5. 많은 농민의 혁신과 기술을 특징으로 하는 전통적 지식체계에
   의해 육성된 농생태계

6. 농생태적 관리를 위한 관습, 자원에 대한 접근과 이익의 공유를
   정한 규범, 가치체계, 의식儀式 등을 포함하는 강고한 문화적 가
   치와 사회조직의 집단적 형태(Denevan 1995; Koohafkanand Altieri
   2010)

유전적 다양성

전 세계의 소규모 농민들은 약 3억 5,000만 농장에서 200만
종 이상의 작물과 약 7,000종의 동물을 키우고 있다(ETC Group
2009). 작물다양성의 중심에는 다수의 전통적 농생태계가 자리
잡고 있으며, 농민들이 다양하게 적응시킨 재래종뿐만 아니라

잡초와 같은 야생종의 작물도 존재한다. 야생종의 생태적 범위는 야생종으로부터 파생되었거나 혹은 관련된 작물의 범위를 넘어서기도 한다. 자연적 교잡natural hybridization*이나 유전자 이입introgression**은 작물과 야생종 사이에서 종종 발생하는데, 이로 인해 농민이 활용할 수 있는 종자의 유전적 다양성과 종자의 변이 정도는 높아진다(Altieri, Anderson and Merrick 1987). 많은 농민은 잡초를 '경지에 남겨두는' 방식을 통해 작물과 야생종 사이의 유전자 확산gene flow을 증대하고, 먹거리나 사료, 녹비로 사용되는 특정한 '잡초'(켈리테quelite나 아르벤세arvense로 알려진)의 번식도 촉진한다. 농생태계에서 이러한 작물들의 존재는 농민들의 점진적인 길들이기domestication를 보여주는 것일 수도 있다(Altieri et al. 1987).

많은 농가는 자신의 밭에 다양한 품종의 작물을 심고, 정기적으로 이웃과 종자를 교환한다. 예를 들면, 안데스 지역에서 농민들은 자신의 땅에 50여 개에 이르는 다양한 품종의 감자를 재배한다(Brush 1982). 마찬가지로 태국과 인도네시아의 농민들은 폭넓은 환경적 조건에 적응한 다양한 종류의 쌀을 논에서 재

---

* 유전적으로 다른 집단이나 분류군 간의 교배를 통해 유전자 흐름이 발생하는 현상. 기후변화에 대한 취약성을 줄이는 것으로 알려져 있다.

** 한 종에서 다른 종으로 유전 정보가 전달되는 현상. 두 종의 교배로 번식가능한 잡종이 탄생하기도 한다.

배하고, 주기적으로 이웃들과 종자를 교환한다(Swiderska 2011). 이렇게 만들어진 유전적 다양성 때문에 작물이 질병이나 여타 생물학적 스트레스에 대한 저항력도 강해지고, 농촌지역의 사람들이 섭취하는 먹거리의 영양적 다양성도 높아진다(Clawson 1985). 연구자들은 경작지에서 다양한 작물을 재배하면 유전적 다양성으로 작물들의 질병 심각도가 낮아지며, 몇몇 작물의 경우에는 이런 방법이 상업적으로 활용되고 있음을 보여준다(Zhu et al. 2000).

작물의 종다양성

전통적 영농체계의 두드러진 특징은 복합 재배(간작intercropping이나 동반식재 복작companion planting 등) 또는/그리고 혼농임업의 형태로 이루어져 식물다양성이 높다는 점이다. 복합 재배는 동일 경지에 둘 또는 그 이상의 작물을 동시에 키움으로써 공간적 다양화를 꾀한다(Francis 1986). 오랫동안 시행된 복합 재배는 시간적·공간적으로 다양한 계획을 통해 1년생 작물을 함께 심는 방식이다. 간작에서는 일반적으로 콩과식물과 곡물을 심는 경우가 많은데, 콩과식물은 질소를 고정해 자원을 보다 효과적으로 사용할 수 있게 한다. 해충에 대한 저항력도 더 커지기 때문에 각 작물을 따로 키운 경우보다 생물학적인 생산성도 높다(Vandermeer 1989).

혼농임업은 1년생 작물과 다년생 작물, 혹은 다년생 작물과 가축을 함께 키운다. 때로는 100종 이상의 1년생과 다년생 작물 재배와 몇몇 가축종의 사육이 함께 이루어진다.

나무는 유용한 생산물(건축자재, 장작, 연장, 약재, 가축의 먹이, 사람의 먹거리)을 제공하는 것 이외에도 영양소 침출과 토양 침식을 최소화하고, 유기물을 보충하고, 주요한 영양소를 토양의 하층부로부터 끌어올려 복원하는 역할을 한다(Sanchez 1995). 나무는 또한 미기후microclimate*의 조건을 완화하고, 기후변화로 인해 더욱 빈발하는 폭풍우와 가뭄 같은 극단적인 기후로부터 작물과 토양을 보호한다(Verchot et al. 2007). 다층림의 수목-축산 복합체계silvopastoral system에서 질소를 고정하는 콩과식물은 초지의 생산과 영양순환을 개선해 화학질소비료에 의존하지 않아도 되게 한다. 뿌리가 깊은 나무는 더 깊은 토양층에서 영양소와 물을 공급받음으로써 지하와 지상 모두에서 탄소격리가 증가하게 만든다. 울창한 나무로 인해 환경이 개선되고, 가축에게 더 많은 바이오매스와 영양분, 그늘을 제공해 스트레스를 완화하고 생산성과 가축의 상태가 개선된다(Murgueitio et al. 2011).

여러 식물종이 매우 근접해서 재배되는 복합 재배에서는 유익한 상호작용이 일어나므로 농가는 생태계로부터 다양한 혜택

---

* 특정 지역의 지표면 부근의 온도, 빛, 풍속, 습도 등의 기후.

을 받는다. 작물의 종류가 풍부해질수록 토양의 유기물, 토양구조, 저수능력, 표토의 상태가 개선된다. 아울러 토양의 침식이나 잡초의 창궐을 막아 작물 생산에 유리한 조건이 만들어진다. 다양한 작물을 재배하면 절지동물의 다양성과 미생물의 활동이 촉진되는데, 이를 통해 영양분의 순환, 토양비옥도의 개선, 해충 제어가 이루어진다. 연구에 따르면, 농지의 생물다양성이 높아질수록 기후재난에 대한 회복력도 높아지는 것으로 나타났다 (Vandermeer et al. 1998, Altieri et al. 2015).

가축과의 통합

많은 지역에서 작물 재배와 가축 사육을 혼합한 체계가 농민 농업의 근간으로 되어 있다. 통합이 잘 이루어진 농업체계에서는 지역에 적응한 가축종이 땅을 경작[役畜]하기도 하고, 토양을 기름지게 하는 분뇨를 제공하며, 작물 잔존물은 가축에게 중요한 사료자원이 된다. 작물 잔존물, 분뇨, 축력, 현금 등의 자원은 작물과 가축 생산 모두에 도움이 되어 농장의 효율성, 생산성, 지속가능성을 증대시킨다(Powell, Pearson and Hiernaux 2004).

아시아의 많은 쌀 생산 농가는 논에서 다양한 종류의 물고기와 오리를 함께 키운다. 물고기는 벼를 공격하는 해충과 벼를 시들게 하는 잡초, 마름병에 감염된 벼 이삭을 먹어서 농약의 사용을 줄인다. 이러한 체계는 쌀만 단작하는 체계와 비교할 때 해충과 질병의 발생을 낮춘다. 나아가 물고기는 수중에 산소를 발생시키고 영양분의 이동을 촉진해 벼에 도움을 준다. 아졸라Azolla(모기고사리)종은 헥타르당 243~402킬로그램의 질소를 고정하는데, 이 가운데 17~29%가 벼 재배에 이용된다. 오리는 달팽이와 잡초를 없앨 뿐만 아니라, 아졸라가 표면 전체를 덮어서 발생하는 부영양화eutrophication가 유발되기 전에 아졸라를 먹어버린다. 미생물, 곤충, 포식자 및 관련된 작물의 복합적인 다양한 먹이그물은 농민과 지역사회에 도움이 되는 다양한 생태적, 사회적, 경제적 서비스를 활성화한다(Zheng and Deng 1998).

농생태계에서 생물다양성의 생태적 역할

농생태계의 생물다양성에는 작물, 가축, 물고기, 잡초, 절지동물, 조류, 박쥐, 미생물 등이 포함된다. 농생태계는 인간의 관리, 지리적 위치, 기후와 토양, 사회경제적인 요인 등의 영향을 받는다. 농생태계의 생물다양성이 수행하는 기능은 작물 재배체계에서 이루어지는 역할과 관련해 몇 가지로 분류된다(Swift and Anderson 1993; Moonen and Barberi 2008).

가능적 다양성은 생물체의 다양성과 생물체가 농생태계에 제공하는 역할을 말한다. 그 역할이란 농업생태계가 계속 기능하도록 하면서, 환경변화나 기타 교란에 대한 생태계의 대응을 향상시키는 것이다.

높은 수준의 기능적 다양성을 충분히 발휘하고 있는 농생태계라면 충격의 종류나 그 크기에 관계없이 회복력이 더 크다(Lin 2011). 일반적으로 종의 수는 기능의 수를 상회하는데, 이러한 여력이 농생태계의 기능을 높인다. 어떤 시점에서는 사용되지 않는 것처럼 보이는 여력이 환경적 변화가 일어날 때 매우 중요한 기능을 수행하는 경우도 있기 때문에, 생물다양성은 생태계의 기능을 고양하기도 한다. 이러한 상황에서 체계 내에 존재하는 여력은 생태계의 지속적인 활동과 생태계 서비스의 공급을 가능하게 한다(Cabell and Oelofse 2012). 또한, 종다양성은 환경적 변동으로 발생하는 충격을 완화하는 역할도 수행하는데, 이는 농생태계의 보상능력을 높여주기 때문이다. 즉 어떤 종이 적합하지 않게 되면 다른 종이 동일한 역할을 수행할 수 있기 때문에, 공동체 전체 혹은 생태계의 특성을 보다 예측가능한 것으로 만든다(Lin 2011; Roset et al. 2011).

보다 많은 서로 다른 식물종이 농생태계 안에 포함되면 생물체의 공동체군집/community of organisms는 더욱 복합적으로 되고, 절지동물과 미생물, 땅 위 혹은 땅속의 먹이그물을 구성하는 생물 사이의 상호작용이 강화된다. 다양성이 강화될수록 농생태계의 지속가능성을 향상시킬 수 있는 종 사이의 공존과 유익한 관여가 나타날 가능성도 증가한다(Malezieux 2012). 다양한 체계는 복합적인 먹이그물을 촉진하고, 이는 구성요소들 간의 잠재적인 연결과 상호작용을 만들어내며, 에너지와 물질 흐름의 대안 경로를 더 많이 만들어낸다. 이런 이유로 군집이 복합적일수록 생산은 더욱 안정적으로 되고, 바람직하지 않은 생물의 개체 수는 급격하게 증가하지 않는다(Power and Flecker 1996). 그렇다고 해서 다양성이 생태계의 안정성을 항상 촉진하는 것은 아니라는 점도 생태학자들은 정확하게 지적하고 있다(Loreau and Mazancourt 2013).

우리는 자연생태계 안의 생물다양성과 기능 사이의 관계에 관한 지금까지의 연구를 통해 여러 공간적·시간적 범위에서 농생태계 관리에 관한 정보를 얻을 수 있다(Tilman, Reich and Knops 2006). 생물다양성과 생태계의 기능에 관한 연구에 의하면, 가장 중요한 척도는 생물다양성(또는 종의 풍부함) **그 자체**가 아니라, 기능적 다양성이라는 점이다. 기능적 다양성이 영양순환을 강화하거나 해충 억제 같은 다양한 생태적 기능(Moonen and Barberi 2008)을 수행하기 때문이다. 어떤 특정 종은 다른 종에 비해 생태적 과정에 더 많은 영향을 끼치는 경우도 있다.

농생태계의 일반적인 예로, 토양의 비옥도를 높이기 위해 볏과식물grass과 콩과식물legume을 함께 심으면(기능에 차이가 있는 두 개의 식물군), 두 식물군이 토양 질소를 얻기 위해 경쟁하면서 콩과식물의 질소고정력이 증가한다. 이와 같이 질 높은 농생태적 기반matrix은 단순히 농생태계에 더 많은 종을 포함한다고 만들어지는 것이 아니라, 생물 간의 상호작용을 이해하고 이를 잘 활용해 여러 목표를 달성하도록 관리해야 만들어진다(Lareau et al. 2001).

실제의 상황에서는 다음과 같은 세 가지 방법을 통해 생물다양성의 상호작용을 매개하는 농생태계의 설계 및 관리전략이 가능하며, 이를 통해 기능적 생물다양성의 최적화도 이룰 수 있을 것이다(Hainzelin 2013).

1. 서로 다른 공간적·시간적 층위에서 지상의 생물다양성 증대: 외부 투입재를 쓰지 않고 바이오매스(먹거리, 옷감, 에너지 등)의 생산을 높이면서 영양분과 물의 생물학적 순환을 강화한다. 이 전략은 종 사이에 임관林冠/canopy architecture*과 밑둥root systems의 보완성을 고려하면서, 1년생의 식물과 다년생의 식물을 조합한 계획을 필요로 한다. 이렇게 함으로써 포식자나 가루받이 매개자와 같은 유익한 생물군biota을 보유하면서 태양광선의 흡수, 가루받이의 유지와 영양소의 섭취를 극대화할 수 있다.
2. 시간적·공간적으로 작물을 다양화: 해충의 자연적·생물학적 방

---

* 식물군락에서 수목들이 모여 형성하는 윗부분.

제를 강화하고, 잡초를 억제하기 위한 타감작용allelopathic effects*을 증진하고, 길항제antagonist**를 유도해 토양 매개 병원체를 감소시켜 살충제를 사용하지 않고 수확 작물의 바이오매스 손실을 줄인다.

3. 토양의 유기물 관리를 통해 땅속의 기능적 생물다양성을 자극: 토양의 생물지구화학적 순환biogeochemical cycles이 확대되고, 심층의 영양분이 재순환하고, 화학비료 없이 작물이 양분을 섭취하고 건강하게 자랄 수 있게 유익한 미생물의 활동을 촉진한다.

이와 같이 농생태계의 최적 움직임은 기능적으로 다양한 생물군들 사이의 여러 상호작용의 수준에 따라 결정된다. 이 상호작용이 상승효과를 발휘하면, 결국 농생태계 과정이 활성화된다. 중요한 것은 생태적 서비스를 실현하기 위해 유지 또는 향상하는 것이 바람직한 생물다양성의 유형을 명확하게 한 후에, 바람직한 생물다양성 요소를 촉진하는 최선의 실천을 결정하는 것이다(그림 1-2; Altieri and Nicholls 2004).

* 대사물질의 분비에 의한 식물 상호 간 또는 식물과 토양미생물 간의 생화학적 작용.
** 생물체 내에서 두 요인이 동시에 나타날 때 서로 그 효과를 상쇄하는 물질.

<그림 1-2> 생물다양성 구성요소의 기능과 개선을 위한 전략

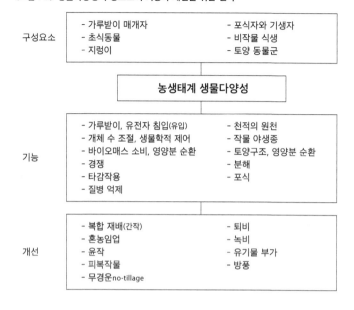

구성요소	- 가루받이 매개자 - 초식동물 - 지렁이	- 포식자와 기생자 - 비작물 식생 - 토양 동물군

농생태계 생물다양성

기능	- 가루받이, 유전자 침입(유입) - 개체 수 조절, 생물학적 제어 - 바이오매스 소비, 영양분 순환 - 경쟁 - 타감작용 - 질병 억제	- 천적의 원천 - 작물 야생종 - 토양구조, 영양분 순환 - 분해 - 포식

개선	- 복합 재배(간작) - 혼농임업 - 윤작 - 피복작물 - 무경운no-tillage	- 퇴비 - 녹비 - 유기물 부가 - 방풍

생태적 매트릭스

소규모 농가의 영농체계는 천연림 또는 이차림의 군락에 둘러싸인 구획을 포함하고 있는 경우가 많다. 이러한 농생태계의 생물다양성의 수준은 대체로 주변 경관에 의해 결정된다(Perfecto, Vandermeer and Wright 2009). 경관이라는 측면에서 많은 전통적 농촌공동체는 작물의 생산단위와 주변 생태계가 하나의 단일 농생태계로 통합되곤 한다. 많은 농민은 자신들의 토지 혹은 인접 지역의 자연생태계(숲, 구릉, 연못, 초지, 하천, 습지 등)를 유지하고 보전한다. 농민은 먹거리, 건축자재, 약재, 유기질비료, 연료, 종교의식에 필요한 물품 등을 자연생태계로부터 얻는다. 식물 채취는 많은 농촌 주민에게 경제적·생태적 기반이 되고, 채취한 야생식물은 특히 농한기에 먹거리와 가내공업의 원료, 기타 자원의 중요한 공급원이 된다. 또한, 농민들은 야생동물의 거처, 해충의 천적, 유기비료가 되는 부엽토, 땅을 비옥하게 하는 잔존물 등의 혜택을 야생식물 생태계로부터 얻는다(Wilken 1987; Altieri, Anderson and Medrrick 1987).

경작지에 인접해 있는 자연지대는 곤충의 다양성과 먹이그물 사이의 상호작용을 통해 매우 큰 영향을 미치는 파급효과를 발휘할 수 있다. 경작지 주변의 식물은 경작지로 오는 해충의 천적 수와 영향력을 높인다는 명확한 증거가 있다. 농지 주변에 서식지가 있으면 대체 숙주나 먹이, 먹거리와 수자원, 은신처, 양호한 미기후, 월동지越冬地, 짝짓기, 살충제로부터의 피난처 같은, 농지에서는 얻을 수 없는 자원을 얻을 수도 있다(Bianchi, Booij and Tscharntke 2006). 물론 경계지역의 잡초가 해충의 온상이 될 가능성에 대해서도 주의를 기울어야 한다.

불행히도 농업의 집약화로 생물다양성이 훼손되면서 서식지의 다양성도 상당 부분 무너졌다. 실제로 단작이 확산되면서 지구적인 농업 경관과 이 농업 경관이 제공하는 생태계가 바뀌고 있다. 예를 들면, 바이오연료 생산 붐으로 인해 미국의 중서부 4개 주에서 옥수수의 재배가 늘어나면서 경관의 다양성은 감소했고, 대두 재배지에서 해충의 천적도 줄어들었다. 이들 4개 주에서 생물제어 활동biocontrol service은 24% 훼손되었고, 이로 인해 대두 재배농가는 수확량의 감소와 방제 비용의 증가로 매년 5,800만 달러의 손실을 보고 있는 것으로 추정된다(Landis et al. 2008).

농생태계에서 경관의 다양성이 확보되면 해충의 생물학적 방제 또한 강화된다. 예를 들면, 1년생 유지종자의 경작지 인근에 오래된 휴경지가 있으면 주요 해충의 기생률이 3배로 늘어난다(Tschanrtke et al. 2007). 하와이에서는 사탕수수 밭 가장자리에 꿀을 공급하는 식물이 있을 때 사탕수수 바구미 기생충Lixophaga sphenophori의 개체 수가 증가하고 그 세력도 커졌다(Topham and Beardsley 1975). 연구에 의하면, 사탕수수 밭에서 기생충이 활발하게 움직이는 범위는 밀원蜜源의 경계로부터 45~60미터 이내라고 한다.

캘리포니아에서는 농민들이 포도밭에 영향을 미치는 잎벌레의 포식기생자*인 아나그루스 에포스Anagrus epos를 위한 은신처로 자두나무prune tree의 효과를 조사했다. 그러나 은신처의 효과는 바

* 숙주에 기생하다가 일정 기간 후에 숙주를 파괴하는 기생생물.

람이 불어오는 방향의 몇몇 고랑에서만 제한적으로 나타났고, 은신처에서 멀어질수록 아나그루스 에포스의 수는 점차 감소하는 것으로 나타났다(Corbett and Rosenheim 1996). 이 조사를 통해 천적의 서식지로 식물을 이용하는 것은 큰 한계가 있다는 점이 확인된다. 즉, 포식자와 포식기생자의 이식은 일반적으로 경작지의 경계부분에 한정되어 있고, 경작지의 중심부에 있는 작물은 생물학적 방제에 의한 보호를 받지 못하는 것으로 보인다.

이러한 한계를 극복하기 위한 방법을 알아보기 위해 니콜스, 패럴라와 알티에리(Nicholls, Parrella, and Altieri 2001)는 경작지 안에 식물통로vegetational corridor를 만들면 익충이 인접 서식지나 '통상의 영향범위'를 넘어서서 행동 범위를 넓히는지를 검증했다. 이 연구의 결과는 포도밭을 횡단하는 식물통로를 만들면 천적이 그 영역을 하천 기슭의 숲에서부터 포도만을 심은 넓은 경작지로 넓혀간다는 것이었다. 이와 같은 식물통로는 지역의 환경에 적응해 연이어 개화하는 여러 식물종으로 구성되어야 하며, 이렇게 함으로써 작물의 생육기간 내내 다양한 포식자와 포식기생자를 끌어들이고 은신처를 제공하게 된다. 따라서 식물통로나 좁고 긴 땅을 활용해 하천 기슭 자투리땅을 다양한 경작지와 연결하면, 많은 종류의 익충이 경작지의 경계를 넘어서서 전체 농업지역으로 확산하는 연결망이 만들어진다.

다양한 영농체계를 만드는 원리

농생태학자들의 중요한 목표는 전통적 농업에서 발견되는 바람직한 자연적 과정과 생물학적 상호작용을 향상시키는 생태학적 구조를 이용해 작물, 동물, 나무 등을 새로운 공간/시간의 틀에 배치하는 일이다. 이러한 다양한 설계에 따라 농가는 토양의 비옥도를 높이고, 작물의 건강상태와 생산성을 개선하는 것이 가능하다(Vandermeer et al. 1998). 함께 심는 작물을 무작위로 늘린다고 해서 생태계가 유지되는 것이 아니라는 점은 명확하다. 농생태학자들이 주장하는 다양한 내용은 몇 백 년은 아니어도 수십 년 동안 농민들에 의해 검증된 것이고, 이를 바탕으로 농민들은 농장 수준의 생산성, 회복력, 건강한 농생태계와 생활 등의 균형을 유지할 수 있었다.

농생태학자들은 다양한 농생태계의 설계와 관리에 필요한 잘 짜인 생태적 원리를 사용하고 있다. 예를 들면, 외부 투입재의 사용을 억제하고 대신 토양의 자연적인 비옥도, 타감작용이나 생물학적 조절과 같은 자연적인 과정을 이용한다(표 1-1). 특정 지역에 이를 적용할 때에는 지역농민의 사회경제적인 요구에 따른 기술 형태나 실천이 원리에 담기고, 아울러 생물물리학적 환경과 가용할 수 있는 자원 등도 고려한다. 일단 원리가 적용되면 생태적 상호작용이 작동해 농생태계의 기능(영양순환, 해충 구제, 생산

〈표 1-1〉 생태농업의 원리

1. 시간의 경과에 따른 유기물의 분해와 영양분의 순환을 최적화하기 위해 바이오매스의 재활용 촉진
2. 적절한 서식지를 조성해 기능적 생물다양성(천적이나 길항미생물 등)을 향상시킴으로써 농업체계의 '면역체계' 강화
3. 특히 유기물의 관리와 토양의 생물학적 활동을 촉진을 통해 식물 성장에 가장 바람직한 토양상태 제공
4. 토양과 수자원의 보전과 재생, 농생물다양성의 강화를 통해 에너지, 수자원, 영양분, 유전자원의 상실 최소화
5. 경지와 경관 차원에서 시간과 공간을 고려한 농생태계의 종과 유전자원 다양화
6. 농생물다양성의 구성요소 간 유익한 생물학적 상호작용과 상승효과를 높여 중요한 생태적 과정과 서비스 촉진

자료: Altieri 1995

〈표 1-2〉 생태농업의 원리와 이에 대응한 실천방법

실천 방법	기여하는 원리 (관련 원리)					
	1	2	3	4	5	6
퇴비	×		×			
피복작물/녹비	×	×	×	×	×	×
바닥덮기	×		×	×		
윤작	×		×	×	×	
미생물/식물성 살충제		×				
곤충유인 식물		×			×	×
나무를 활용한 담장		×	×		×	×
간작(복합 재배)	×	×	×	×	×	×
혼농임업	×	×	×	×	×	×
경종-축산 통합	×		×	×	×	×

숫자는 〈표 1-1〉의 원리 1~6을 나타냄.
자료: Nicholls, Altieri and Vazquez 2016

<그림 1-3> 농생태계의 기능

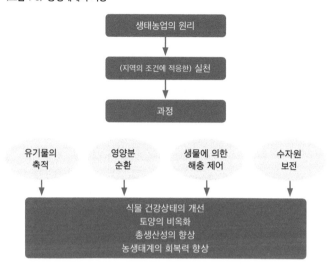

자료: Nicholls, Altieri and Vazquez 2016

성 등)을 향상시키는 중요한 과정이 진행된다(그림 1-3). 각각의 실
천은 하나 또는 그 이상의 원리와 연결되어 농생태계의 기능이
발현되게 한다(표 1-2).

생태농업에서 가장 중요한 원리는 농생태계의 다양화이며, 경
작지뿐 아니라 주변 경관의 이종성異種性도 중요하다. 이 원리는
관찰과 증거에 근거를 둔 경향이라고 할 수 있다. (a) 농생태계가
단순해지면 기능적인 종 집단 전체가 사라져서 체계의 균형이
바람직한 상태로부터 원하지 않는 방향으로 이동한다. 이에 따라

변화에 대한 대응능력이나 생태계 서비스의 생성능력도 영향을 받는다. (b) 농생태계의 식물다양성이 높아질수록 해충이나 질병 문제, 강수량과 기온 패턴의 변동에 대응하는 농생태계의 능력도 향상된다(Loreau et al. 2001).

다양화는 농장 수준(서로 다른 종의 재배, 윤작, 복합 재배, 혼농임업, 경종-축산의 통합)과 경관 수준(울타리, 식물 통로 등)에서 다양한 형태가 가능한데, 농민은 〈그림 1-3〉과 같이 다양한 선택지와 전략을 조합해 활용할 수 있다. 이러한 생태적 특성을 바탕으로 토양의 비옥도, 작물 생산 및 해충 방제를 유지할 수 있는 다양한 농생태계를 만들 수 있다. 생물다양성이 확보된 잘 짜인 농장은 농생태적 원리를 최적의 상태로 적용할 수 있다. 이렇게 되면 토질이나 식물의 건강, 작물의 생산성, 체계의 회복력을 위한 기초로서 농생태계의 기능적 다양성이 증가한다(Nicholls, Altieri, and Vazquez 2016).

연구에 의하면, 많은 단작체계에서 나타나고 있는 수확량의 장기적인 감소추세를 농생태계의 다양화를 통해 전환시킬 수 있다는 것이 확인된다. 이는 외부 충격에 대해 시간적·공간적 계획에 따라 배치된 다양한 작물이 달리 반응하기 때문이라는 것이다. 또 다른 논문은 다양한 영농체계가 관행적인 단작과 비교해볼 때 생물다양성, 토질, 표토의 담수능력 등에서 훨씬 탁월하며, 에너지 사용 효율성과 기후변화에 대한 회복력도 높다는 점

〈표 1-3〉 시간적 및 공간적 전략

윤작	곡물과 콩과식물을 번갈아 심는다. 이렇게 하면 영양분이 유지되고, 다음 계절로 계속 연결된다. 해충, 질병, 잡초의 수명주기도 단축된다.
혼작	둘 또는 그 이상의 작물을 공간적으로 가까운 거리에 심으면 생물학적 보완성이 만들어진다. 이로 인해 영양분의 효율성과 해충 구제가 개선되어 곡물 수확의 안정성이 확보된다.
혼농임업 체계	1년생 작물과 함께 나무를 키운다. 미기후가 온화해지고, 나무로 인해 질소의 고정에 도움이 되고, 토양의 깊은 층으로부터 양분 섭취가 촉진되어 비옥도가 유지·개선된다. 또한, 부엽토는 토양의 양분이 되고, 유기물의 유지와 토양의 먹이그물을 유지시킨다.
피복작물과 바닥덮기	과일나무 아래에 볏과식물과 콩과식물을 단독으로 혹은 혼합해서 심으면 토양의 침식을 줄이고, 토양에 영양분을 제공하며, 해충의 생물학적 방제를 강화할 수 있다. 환경보전형 영농(conservation farming)에서는 표토 위를 다양한 피복작물로 평탄화하면 토양 침식을 줄이고, 토양수분과 온도의 변동을 낮추며, 토양의 질을 개선하고 잡초 억제를 강화해 더 좋은 작물 성과를 낳는다.
경종-축산 통합	작물 재배와 축산을 통합하면 높은 바이오매스 생산량과 최적의 영양분 재활용이 가능하게 된다. 빽빽하게 심은 사료용 관목, 생산성이 높은 목초와 수목을 통합한 가축 사육체계는 외부 투입재 없이도 높은 총생산성을 달성할 수 있다.

자료: Altieri 1995; Gliessman 1998

을 밝히고 있다. 관행적인 단작에 비해 다양화한 영농체계는 잡초, 질병 및 해충 구제가 잘 이루어지고, 가루받이도 원활하게 이루어진다(Kremen and Miles 2012).

농생태적 체계는 지역 현실에 맞춘 원리의 적용과 응용에 중심을 두고 설계된다. 예를 들면, 토양의 비옥도를 높이기 위해 어떤 지역은 지렁이 퇴비화를, 다른 지역은 녹비를 활용한다. 어떤 방향으로 실천할 것인가는 그 지역의 자원, 노동, 가족 상황, 농장 규모, 토양의 유형 등의 요인에 따라 결정된다. 이는 북반구 지역의 국가에서 일반화된 상업적 유기농의 방식과는 매우 다르다. 선진국은 독성이 있는 투입재를 대체해 독성이 덜한 승인받은 투입재를 외부에서 구입해서 사용하는 것이 일반적이다. '투입재의 대체'는 외부 투입재 시장에 대한 의존뿐만 아니라, 단작이 갖고 있는 생태적·사회적·경제적 취약성에서 벗어나지 못하게 만든다(Rosset and Altieri 1997).

'농생태적 통합'은 농생태계의 기능적 다양화를 통해 달성된다는 점에서 투입재의 대체와는 대조적이라고 할 수 있으며, 이에 따라 외부 투입재는 최소한으로 감소된다(Rosset et al.2011). 예를 들면, 해충은 관행적인 화학적 살충제 또는 유기인증의 생물학적 살충제가 아니라 간작에 의해 통제될 수 있다. 화학비료나 유기 대체물, 상업적 퇴비나 분뇨, 유기질비료 등을 농장 밖에서 구입해 토양의 비옥도를 유지하는 것이 아니라, 작물의 잔존물과 벌레로 퇴비를 만들고, 지속적으로 토양에 유기물을 제공하고, 작물의 잔존물이 있는 곳에 가축을 방목하여 여기서 나온 분뇨를 거름으로 사용하고, 질소를 고정시키는 콩과식물을 간작하고, 토양생물을 활성화함으로써 토양의 비옥도를 유지할 수 있다(Rosset et al. 2011; Machín Sosa et al. 2013). 심각하게 훼손된 토양도 이러한 농생태계를 통해 회복되는 것으로 나타났다(Holt-

Giménez 2006).

농장의 농생태적 통합의 정도는 산업적 단작(매우 미약한 농생태적 통합)에서부터 투입재의 대체가 이루어진 단작에 기반한 유기농장(낮은 수준의 통합), 혹은 거의 자율적이고 복합적인 혼농임업체계에 이르기까지 편차가 크다. 높은 수준의 통합의 경우에는 다수의 1년생 작물과 나무, 가축, 윤작체계, 심지어 양어용 연못도 있을 수 있다. 이 경우에는 연못의 진흙은 작물 재배를 위한 비료로 추가적으로 사용할 수 있다. 높은 수준의 농생태적 통합은 구성요소 간의 상호작용에 의해 매우 강력한 상승작용을 가져올 수 있는데, 외부 투입재의 양을 줄이거나 전혀 사용하지 않고도 매우 높은 수준의 단위면적당 총생산량을 창출할 수 있으며, 종종 생산단위당 투입노동도 비교적 낮은 경우가 있다(Rosset et al. 2011). 그러나 복합적인 생태계(구성요소 간 상호작용이 이루어지는 방식)를 이해하기 위해서는 더 많은 연구가 필요하다.

외부 투입재의 사용을 줄이고 다른 것으로 대체하는 것을 과도하게 강조하면 이른바 지속가능한 농업이 산업적인 관행농업과의 경쟁에서 종종 밀리게 된다. 왜냐하면 대체 투입재는 기존의 투입재보다 효과가 약하기 때문이다(예를 들면, 화학농약에는 즉효성이 있지만 생물농약의 효과는 이보다 늦게 나타난다). 〈표 1-4〉는 이를 개략적으로 표시하고 있다. 이것이 부유한 국가의 유기농업이 관행농업의 수확량을 능가하지 못하는 이유 중의 하나인데,

<표 1-4> 관행농업과 생태농업의 강점과 약점

구분	관행농업	생태농업
투입재	효과 있음.	약함.
상승작용	없음.	강력함.
악화된 토양을 회복하는 능력	없음(그러나 이를 상쇄하기 위해 더 많은 투입재를 사용).	높음.

자료: Rosset et al. 2011

반면에 남반부 국가에서는 농생태계를 활용한 농민들이 관행적인 단작에 비해 평균적으로 더 높은 수준의 총생산성을 보이고 있다(Rosset 1999b; Badgley et al. 2007; Rosset et al. 2011).

수확량의 증가

많은 연구가 단작보다는 간작체계에서 상당히 많은 수확량을 얻는 것으로 보고하고 있다(Francis 1986; Vandermeer 1989). 복합영농체계는 더 효율적인 자원(빛, 물, 영양분)의 사용, 해충 피해의 감소, 잡초 제어의 강화, 토양 침식의 감소, 물 흡수 개선 등 다양한 측면에서 장점을 갖고 있기 때문에 얻게 된 결과라고 할 수 있다(Francis 1986). 다양한 농생태계에서 더 높은 생산성이 달성되는 메커니즘을 '촉진facilitation'이라고 한다. 촉진은 한 작물이 그다음의 두 번째 작물에 도움이 되는 방식으로 환경을 변화시킬 때 나타난다. 예를 들면, 중요한 초식 곤충의 개체 수 감소나 두 번째 작물이 흡수할 수 있는 영양분을 방출할 때 발생한다(Lithourgidis et al. 2011).

간작으로 심은 작물들 사이의 경쟁이 일어나더라도 보다 많은 수확이 가능한 이유는 촉진의 효과가 경쟁, 특히 약한 경쟁을 능가할 수 있기 때문이다. 해충 및 병원체의 발생은 간작에서 줄어드는 것이 일반적이다. 또한 서로 다른 뿌리체계와 잎 형태를 갖고 있는 작물들이 함께 자라면 빛과 물을 다른 층에서 흡수해서 경쟁은 줄어들고 전체 자원의 이용효율resource use efficiency이 높아진다. 즉, 수확 증가의 요인으로 자원의 활용, 자원의 효율적인 전환, 기타 요인 등을 지적할 수 있다.

연구자들 중에는 간작체계를 활용한 자원 사용과 관련해 두 가지 종을 조합(보통 콩과식물과 곡물)하여 재배하면 개별적으로 종을 재배하는 것보다 생물학적 생산성이 전반적으로 더 높아진다고 주장하기도 한다. 왜냐하면 분리해서 단작하는 것보다는 혼작이 자원을 효율적으로 사용할 수 있기 때문이다(Vandermeer 1989). 황 등은 중국 북서부 지역을 대상으로 옥수수-잠두, 옥수수-콩, 옥수수-이집트콩 및 옥수수-순무 등의 간작이 생산량과 영양분 획득에 어떤 영향을 미치는지 조사했다(Huang et al. 2015). 저자들은 거의 모든 경우에 간작이 단작에 비해 총생산량이 많다는 것을 발견했다. 더욱이 간작체계가 토양으로부터 질소를

더 효율적으로 활용하고, 바이오매스 분해를 통해 부분적으로
질소를 반환하기 때문에 간작체계에서 자원 이용효율이 더 우수
하다는 것을 확인했다.

해충의 제어

지난 40년 동안의 연구를 통해, 다양화에 기반한 전략은 땅
속과 땅 위에서 발생한 효과를 결합시키면서 천적을 강화하고,
초식 곤충의 수와 작물의 피해를 감소시킨다는 점이 명확하게
드러났다(Altieri and Nicholls 2004). 토나스카와 번이 해충 억제
와 관련해 혼작과 단작을 비교분석한 21개의 연구에 대한 메타
분석에 따르면, 혼작이 해충의 밀도를 현저하게 낮춘다고 한다
(Tonhasca and Byrne 1994). 러터노우 등이 148개의 비교연구를 메
타분석한 결과에 따르면, 다양화 시스템을 갖춰서 종이 풍부한
농장은 단작 농장에 비해 천적의 수는 44% 많았고, 초식 곤충
치사율mortality은 54% 높고, 작물 피해는 23% 낮았다(Letourneau
et al. 2011). 특정 작물의 조합으로 인해 해충 피해가 발생하는 경
우도 있다.

식물병리학자들은 혼작체계가 병원균의 발생을 줄일 수 있다
는 점도 확인했다. 혼작체계로 인해 특정 병원체의 확산에 불리
한 환경적 조건이 만들어져서 질병이 더디게 확산되기 때문이

라고 한다(Boudreau 2013). 히딩크, 터모슈이젠과 브루겐은 36개의 연구를 검토하면서, 혼작체계가 단작에 비해 토양이나 물을 매개로 전염되는 질병을 74.5% 감소시킨다는 사실을 확인했다(Hiddink, Termorshuizen and Bruggen 2010). 토양이나 물을 매개로 확산되는 질병을 줄이기 위한 방법으로 숙주가 되는 식물의 밀도 낮추기host dilution가 자주 제안되었다. 타감작용이나 천적 미생물microbial antagonists을 이용하는 메커니즘도 다양화된 영농체계에서 식물 질병의 완화에 영향을 주는 것으로 생각된다. 이러한 효과로 인해 혼작은 같은 조건에 있는 단작에 비해 작물의 피해가 적고 수확량도 높다.

잡초를 연구하는 생태학자들은 잡초의 억제라는 관점에서 간작이 단작보다 우수하다는 것을 발견했다. 그 이유는 간작이 단작보다도 더 많은 자원을 활용하기 때문이다. 간작이 수확량을 증가시키고 잡초를 억제할 수 있는 원인은 간작으로 심은 작물이 더 많은 양의 자원을 미리 차지함으로써 잡초에게 돌아갈 몫이 줄어들거나, 간작에 의한 타감작용이 잡초의 발아나 성장을 억제함으로써 효과적으로 잡초를 몰아내버릴 수도 있기 때문이다(Liebman and Dyck 1993).

다양성과 기후변화에 대한 회복력

수수와 비둘기콩을 대상으로 진행한 94개의 실험에 따르면, 특정 '재해' 수준에서 비둘기콩 하나만 재배하는 경우는 5년에 한 번꼴로 실패하고, 수수 하나만 재배하는 경우는 8년에 한 번꼴로 실패하지만, 혼작을 한 경우에는 36년 동안 단 한 차례만 실패했다(Willey 1979). 복합 재배는 가뭄기에도 단작에 비해 수확량이 안정적이고 생산성이 덜 하락한다.

나타라잔과 와일리는 수수와 땅콩, 기장과 땅콩, 수수와 기장을 각각 복합 재배하면서 동일한 물 스트레스를 주는 경우에 가뭄이 수확량에 미치는 영향을 조사했다(Natarajan and Willey 1986). 그 결과, 재배기간 동안 297~584밀리미터 범위에서 5단계로 조절하면서 진행한 실험에서 간작 작물군의 수확량이 일관되게 높게 나왔다. 흥미롭게도 물 부족이라는 스트레스가 강해질수록 단작과 복합 재배 사이의 생산성의 차이가 커졌다. 복합 재배가 이루어지는 토양은 더 많은 함량의 유기물을 포함하는 경향이 있다는 설명도 가능할 것이다((Marriott and Wander 2006).

토양의 수분 보유능력이 향상되면 작물이 필요로 하는 물을 더 많이 공급할 수 있고, 따라서 가뭄조건에서도 이를 견디고 회복할 수 있는 긍정적인 영향을 주게 된다. 허드슨은 토양유기물 함량이 0.5%에서 3%로 증가하면 이용가능한 물 용량(함량)

이 두 배 이상 증가한다는 것을 밝혔다(Hudson 1994). 레거널드는 37년간의 실험을 통해 유기농장이 관행농장에 비해 토양유기물의 비율이 월등하게 높고, 표토의 수분 함량이 42% 더 높은 것을 발견했다(Reganold 1995).

대부분의 간작은 단작에 비해 물을 효율적으로 이용한다. 모리스와 개리티의 연구에 따르면, 간작이 단작에 비해 물을 매우 효율적으로 사용하며, 간작이 단작에 비해 물 사용효율water-utilization efficiency이 18% 이상 높은 경우가 많았고, 심지어 99%에 이르는 경우도 있었다(Morris and Garritty 1993). 간작은 작물의 뿌리가 토양의 물을 완전하게 사용하도록 촉진하고, 뿌리 부근의 수분저장을 늘려서 증발을 줄이고, 또한 과도한 발산을 억제해서 작물의 성장과 발달에 매우 유리한 미기후를 만들어낸다.

열대지역의 산등성이에서 폭풍이 발생할 경우에 간작 식물은 토양을 보다 잘 덮을 수 있는 복합적인 임관층林冠層 역할을 하기에 토양의 침식을 막는 중요한 역할을 한다. 이러한 임관층과 잔여 식물이 많으면 폭우의 영향을 덜 받는다. 그러지 않으면 토양입자가 분리되어 유실이 발생하기 쉽다. 복토覆土 때문에 표토 유출이 늦춰지고, 수분 침투도 잘 이루어지게 된다. 지상의 식생이 토양을 보전할 뿐만 아니라, 땅속으로 뻗어난 뿌리들은 생물을 제자리에 고정해 토양을 안정시키는 역할을 한다(Altieri et al. 2015).

농장의 농생태적 전환

상업적인 농업체계를 생태적 원리에 맞추는 것은 방대한 작업이다. 특히 현대 농업이 특화와 단기적 생산성 그리고 경제적 효율을 강조하고 있는 지금의 상황에서는 더욱 그렇다(Horowith 1985). 이러한 제약에도 불구하고, 많은 중소규모의 농가뿐만 아니라 대규모 농가가 자신들의 영농체계를 생태농업으로 전환하기 시작했다. 이들 농가는 3년 정도가 지나기 전에 토양 특성, 미기후 상태, 식물다양성과 이와 관련된 유익한 생물 등에서 몇 가지 긍정적 변화를 발견했고, 식물의 건강과 작물 생산성, 회복력을 천천히 이끌어낸다.

많은 연구자는 전환을 세 가지 명료한 단계 혹은 국면의 이행 과정으로 개념화해 설명하고 있다(McRae et al. 1990; Gliessman 1998).

1. 통합적 해충 관리integrated pest management, IPM와/또는 통합적 토양비옥도 관리integrated soil fertility managemen를 통해 투입재의 효율 향상

2. 투입재의 대체 혹은 환경에 좋은 투입재(식물성 또는 미생물 살충제, 생물비료 등)로의 대체

3. 체계의 재설계: 농생태계가 토양의 비옥도, 해충 자연 방제, 작물

의 생산성을 높이도록 작물과 동물을 최적의 조합으로 다양화함
으로써 상승효과를 제고

이 세 단계 중에서 처음 두 단계가 오늘날 지속가능한 농업
을 추진하는 데 있어 주로 실천되고 있다. 이 두 단계 모두 환경
에 대한 악영향을 줄인다는 점에서 긍정적임은 명확하다. 농화
학 자재의 투입을 줄이면 관행체계에 비해 경제적으로 우위에
설 수 있다. 농가의 입장에서 높은 위험을 수반하는 급격한 변화
는 받아들이기 어려운 측면이 있다. 그렇다 하더라도 단작체계를
그대로 유지하면서, 투입재의 효율적인 사용이나 농화학 투입재
를 생물 유래 투입재로 대체하는 실천만으로 생산적인 농업체계
로 재설계할 수 있는 잠재력을 갖는다고 볼 수 있을까(Rosset and
Altieri 1997)? 진정한 농생태적 전환은 단작과 외부 투입재 의존
에 대한 문제를 제기한다.

일반적으로 통합적 해충 관리와 같은 방식을 통한 투입재의
미세조정만으로 농가가 고투입체계의 대안으로 이행하는 것은
매우 어렵다. 대부분의 경우 통합적 해충 관리는 "지능형 농약
관리intelligent pesticide management"라고도 불리는데, 이는 미리 결정
된 경제적 경계치에 따라 농약을 선택적으로 사용하는 것이므
로, 이 경우 병충해의 피해가 큰 단작 재배를 전제로 한다. 대다
수의 상업적 유기농에서 이루어지는 투입재의 대체는 관행농업

과 동일한 패러다임이다. 관행농업의 한계를 단지 생물학적 혹은 유기 투입물로 극복할 뿐이다(Rosset and Altieri 1997). 이러한 대체 투입재의 대부분은 상품화되었다. 따라서 농가는 이들 투입재 공급업자에 계속 의존할 수밖에 없다.

캘리포니아에서 포도와 딸기를 재배하는 많은 유기농가는 매 계절마다 12~18종류의 갖가지 생물학적 투입물을 사용한다. 생 산비용의 증가는 말할 것도 없고, 하나의 목적으로 사용한 투입 재가 예기치 못한 영향을 미친다. 예를 들면, 포도나무 잎 질병을 방제하는 데 광범위하게 사용되는 유황은 해충인 멸구의 천적 인 아나그루스 기생 말벌*Anagrus parasitic wasps*을 멸종시킬 수 있다. 따라서 농가는 '유기농업의 악순환organic treadmill'의 함정에 빠지 게 된다. 글리스먼은 기존 투입재의 개선이나 투입재의 대체만으 로는 현대 농업이 직면하는 도전에 대처하기에는 충분하지 않고, 따라서 새로운 생태적 관계를 기반으로 하는 영농체계로 재설계 되어야 한다고 주장한다(Gliessman 2010). 이는 생태농업과 지속 가능성의 개념에 기초해 농업의 생태적 이행이라는 차원으로 접 근해서 전환해야 한다는 것을 의미한다.

궁극적으로는 작은 구역에서부터 경관에까지 이르는 다양화 를 통해 영농체계에 대한 재설계가 이루어져야 한다. 그렇게 되 면 토양의 비옥도, 영양분의 순환과 유지, 물의 보전, 해충/질병 의 억제, 가루받이, 기타 중요한 생태계 서비스를 창출하는 생태

<그림 1-4> 농생태적 과정

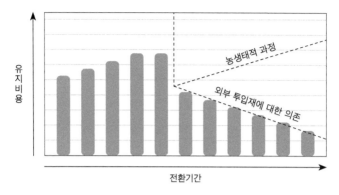

적 상호작용이 활성화된다. 농장을 생태적으로 재설계(식물 울타리, 윤작, 곤충 서식지 등)하게 되면 이에 수반되는 비용(노동, 자원, 자금)은 처음 3년에서 5년 동안은 높아지는 경향이 있다(Nicholls, Altieri and Vazquez 2016). 일단 윤작과 기타 식생 설계(피복작물, 복합 재배, 작물 간 경계 등)가 생태적 서비스 제공으로 이어지게 되면 중요한 생태적 과정(영양순환, 해충 구제 등)이 작동하고, 농장의 기능적 생물다양성이 서서히 생태적 기능을 수행하게 되면서 외부 노동력을 포함한 외부 투입재의 필요성과 유지비용은 감소하게 된다(그림 1-4).

토양생물학적 변화

생태농업으로 전환하기 시작해 3~4년간의 과정을 거치면 토양 특성은 명확하게 변화한다. 일반적으로 유기적으로 관리되는 토양은 관행방식으로 관리되는 토양에 비해 생물학적 활동이 월등하게 활발하다. 스위스에서 보다 잘 통제된 상태로 진행된 장기연구에 따르면, 유기 영농체계에서는 균근菌根/mycorrhizae과 공생하는 작물의 뿌리가 관행체계에서보다 40% 더 길다고 한다. 그중에서도 특히 중요한 발견은 수지상균근vesicular arbuscular mycorrhizae, VAM*이 살고 있는 식물은 물 사용효율성이 높아져서 비균근non-mycorrhizal, NM 식물보다 높은 바이오매스와 수확량을 보여준다는 점이다(Li et al. 2007).

스위스의 연구에서는 유기 시험포의 바이오매스와 지렁이의 양이 관행 시험포에 비해 각각 1.3배, 3.2배 높았다는 사실도 추가로 발견했다. 딱정벌레, 꿀벌 및 거미 같은 포식자의 활동 및 밀도는 유기 시험포에서 관행 시험포에 비해 거의 두 배에 이르렀다(Mader et al. 2002). 칼슘, 인, 칼륨, 유기물, 몇 가지 미량영양소의 비율은 전환 초기와 비교해 시간이 지남에 따라 매우 높은 수치에 도달했다.

---

* 식물과 균류 사이의 공생 관계에 있어서 가장 대표적인 형태 중의 하나.

많은 연구는 유기농업의 성과가 관행체계에 비해서 우수하다는 것을 보여주는데, 유기농업은 종을 풍부하게 하고 그 양도 뛰어났다. 아울러 토양비옥도, 작물의 질소 흡수, 물의 침투성과 보유성, 에너지의 이용과 효율성을 포함한 다양한 지속가능성의 기반에서도 우수하다(예를 들어, Pimentel et al. 2005).

수확량의 진전

메이더 등이 중부 유럽에서 21년간 진행한 연구에 따르면, 유기 작물의 평균 수확량은 관행 작물에 비해 20% 낮았다(Mader et al. 2002). 그러나 유기 재배의 경우 작물 1단위를 생산하는 데 필요한 에너지는 관행 재배에 비해 20~56%, 경지 1단위당으로는 36~53% 낮았다. 관행 재배에서 유기 재배로 전환한 후 줄어들었던 수확량은 3년에서 5년이 지나면서 다시 상승했는데, 2015년의 메타분석에 따르면 유기 작물 수확량은 관행 작물 수확량에 비해 단지 19.2%(±3.7%) 낮았다. 이는 과거의 측정치보다는 작은 차이다. 또한 콩과식물인가 아닌가, 다년생 작물인가 아닌가, 선진국인가 아닌가는 수확량에 있어서 유의미한 차이가 없었다(Ponisio et al. 2015).

유기 재배와 관행 재배 사이의 수확량 차이를 생태농업에 적용해서 논의할 때에는 주의해야 할 사항이 있다. 수확량의 차이를 연구할 때 비교의 대상이 되는 것은 관행 단작과 유기 단작인데, 이 경우 유기 단작은 생태농업의 복합적인 체계가 아니라는 점이다. 높은 생산성을 갖는 체계는 단작이 아니라 보다 더 다양하고 복합적인 간작, 혼농임업, 경종과 축산이 통합된 체계다. 이들 모두는 단위면적당 총생산량은 유기 재배나 관행 재배를 불문하고 어떤 종류의 단작보다 수확량이 높다(Rosset 1999b).

대규모로 작물을 재배하는 체계라 하더라도 최소 3년 동안 유기관리(퇴비를 기반으로 하든, 아니면 콩과식물을 기반으로 하든 상관없이)를 할 경우 관행 농지에서와 비슷한 수확량을 보인다. 이와 관련해 미국 펜실베이니아의 로데일연구소Rodale Research Institute는 영농체계시험Farming Systems Trial, FST을 30년간 진행해 이를 입증했다. 관행체계에서는 기본적으로 변화가 나타나지 않는 (탄소 함량으로 측정한) 토양건강이 유기체계에서는 시간이 지남에 따라 증가했고, 가뭄 상태에서도 유기 옥수수의 수확량이 31% 정도 많았다. 관행체계에 비해 토양유기물의 비율이 높고, 이로 인해 수분을 보전하는 능력도 뛰어나기 때문이다(Rodale Institute 2012).

농생태계 전환 과정이 마지막 단계(체계의 재설계)에 도달해 복합 재배체계가 일반화되면, 농장 수준에서 총생산량은 증가한다. 포니시오 등은 혼작과 윤작이라는 두 가지의 다양화가 유기체계에서 적용되면, 관행체계와 비교해 수확량 차이가 크게 줄어들게 된다는 것을 발견했다(Ponisio et al. 2015). 만일 한 작물의 수확량이 아니라 생산물의 총량을 기준으로 한다면, 곡물, 과일, 채소, 사료, 축산물을 동시에 생산하는 다양화된 소규모 농장은 토지단위당으로 볼 때 하나의 작물을 생산하는 대규모 농장보다 훨씬 더 생산적이다(Rosset 1999b).

생산 증후군

저투입의 유기생산체계가 성공한 실천 사례가 많지만, 전환 과정에 대한 연구는 벽에 부딪히기도 한다. 일례로, 화학적 투입재를 점차 줄이면서 유기 재배 실천을 확대하는 비교실험으로는 저투입 방식이 기존의 관행 방식보다 우수하다는 것을 입증하기가 어렵다. 이 역설에 대해 앤도우와 히다카는 "생산 증후군syndromes of production"이라는 표현을 사용해 설명을 시도했다(Andow and Hidaka 1989). 이들은 벼농사를 대상으로 전통적인 자연농법체계와 현대 일본의 고투입체계를 비교했다. 이 둘의 쌀 수확량 자체는 비교가 가능했지만, 관개방식, 모내기, 밀식의 정도, 비료의 종류와 사용량, 해충과 질병이나 잡초의 관리 등 실천 면에서의 많은 차이까지 고려하기는 어렵다는 것이다.

앤도우와 히다카는 전통적인 자연농법에 의한 논농사는 관행 체계와는 질적으로 완전히 다른 방식으로 작동한다고 주장한다(Andow and Hidaka 1989). 서로 다른 문화적 기술과 병해충 관리

방식의 차이 때문에 나타나는 기능적 차이를 단 하나의 원인으로 설명할 수는 없다. 따라서 '생산 증후군'은 상호적응하면서 높은 성과로 연결되는 일련의 관리 실천이라고 할 수 있다. 그런데 다양한 실천 사례 중 일부는 적응력이 낮을 수도 있고, 그 경우 증가분을 비교할 수 있는 방법이 없다. 결과물은 실천 간의 상호작용과 상승작용으로 향상된 체계의 성과인데, 이를 각각의 개별적인 실천이 만든 부가적인 영향으로 분리해서 보면 온전한 설명이 불가능하다. 즉, 각각의 생산체계는 서로 다른 종류의 관리 기술 혹은 생태적 관계를 나타내는 것이고, 이들은 서로 다른 증후군을 형성하는 것이다(Nicholls et al. 2016).

영농방식이 적용되고, 그것이 다른 방식에 의해 보완되기도 하면서 특정 영농방식은 '생태적 회전반ecological turntable'과 같은 역할을 수행하기도 한다. '생태적 회전반'은 특정 영농방식의 건강성과 생산성에 본질적으로 중요한 재순환, 생물학적 방제, 천적, 타감작용 등의 과정을 활성화하는 역할을 말한다. 예를 들면, 피복작물은 토양에 의해 전달되는 질병이나 해충, 잡초를 억제하고, 빗물로부터 토양을 보호하고, 토양 전반의 안정화와 활성도가 높은 유기물을 추가하고, 질소를 고정하고, 토양의 영양분 분해와 같은 복합적인 기능을 동시에 수행(그림 1-5)한다(Magdoff and van Es 2000).

각각의 생산체계는 그것이 관리하는 별개의 집단을 반영하고,

<그림 1-5> 피복작물의 역할

생태적 관계를 함축적으로 보여준다. 생태적 설계는 장소에 따라 달리 이루어진다는 점에 주목해야 한다. 다른 장소에 적용할 수 있는 것은 개별적 기술이 아니라, 지속가능성의 기초가 되는 생태적 원리다. 그 기술과 연결된 일련의 생태적 상호작용까지 함께 복제할 수 없다면 기술을 이전해도 아무런 소용이 없다(Altieri 2002). 이전될 수 있는 것은 근저에 깔려 있는 원리다.

의도적인 다양화

전통적 농업의 다양화된 작물체계에 자극받은 생태농업 옹호

<그림 1-6> 개선된 농생태계 성과

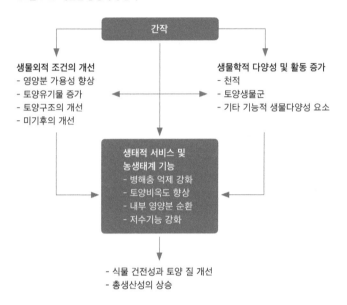

자는 동일 토지에 여러 작물(많은 경우 가축이나 수목과 함께)을 통합적으로 구성하기도 하고, 토양유기물과 영양소 함량의 변화, 미기후(태양광, 온도, 습도)의 변화까지 고려한 통합적인 실천으로서 농업을 시도한다. 여기에 더해, 다양한 작물 재배는 생태적으로 중요한 서비스를 제공하는 유익한 생물군에 더 적합한 서식 환경을 만들어서 기능적 생물다양성의 구성요소(포식자 및 기생체, 가루받이 매개체, 지렁이 등의 분해자나 다른 토양생물 등)의 활동도 활성화한다(그림 1-6). 예를 들면, 콩과식물을 심으면 생물학적으

로 질소가 고정되어 토양의 비옥도가 향상되고 다른 작물에게도 도움이 된다. 혼작을 하면 한 작물의 해충을 잡아먹는 천적의 먹이가 부족한 이른 시기에는 다른 작물이 천적의 먹이가 되기도 한다. 유사하게, 수지상균근과 지렁이의 활동으로 토양의 탄소가 증가하고 토양구조가 개선되면, 수분 저장능력과 물의 효율적 이용이 가능하게 되고 가뭄에 대한 작물의 내성도 증가한다.

그러므로 작물의 다양화는 농생태계의 생물다양성을 더욱 풍부하게 하고, 생태계에 제공되는 활동의 수준을 높이는 효과적인 전략이다. 계획적으로 종을 풍부하게 하고 여기에 생물다양성도 높아지게 하면 영양분의 순환과 토양비옥도가 개선되고, 영양분의 유출이 억제되고, 해충·질병·잡초의 악영향이 줄어들고, 전반적인 작물체계의 회복력이 높아진다. 다양화된 영농체계 안에서 이루어지는 생태적 상호작용에 관한 이해를 향상시킬 수 있는 추가적인 연구를 통해 온대와 열대의 모든 지역에 적용가능한 유효한 체계를 설계하기 위한 더 큰 기초가 구축되어야 할 것이다.

---

1 이 책에서 언급하는 '생태농업 옹호자agroecologist'란 생태농업 연구자나 영농과 먹거리체계의 농생태적 전환을 추진하는 사람들을 포괄적으로 지칭한다. 이들에는 학자, 연구자, 농업지도사, 활동가, 옹호자와/또는 농가, 농민, 소비자 및 이들의 지도자 등이 포함된다.

제2장

생태농업 사상의
역사와 현재

농민과 선주민은 생태농업이라는 용어를 사용하지는 않았지만, 생태농업의 원리와 실천은 이들이 오랫동안 세계 여러 곳에서 축적해온 지식과 실천의 산물이다. 그러나 현재 학자, 실천가, 사회운동 활동가들이 사용하는 "생태농업"의 기원을 알기 위해서는 시간과 장소를 달리하는 다양한 사람들에 의해 지지받고 있는 사상의 흐름을 검토할 필요가 있다.

역사적 기초

초기의 이론가인 독일의 루돌프 슈타이너Rudolf Steiner는 1920년대에 다소 난해한 방식으로 농업에 대한 생태적 접근의 길을 열었다(Steiner 1993). 지금은 생명역동농법biodynamic farming으로 일컬어지는데, 이에 따르면 자립적인 농업을 강화하기 위해 약용식물, 광물, 소의 분뇨를 조합해 토양과 작물에 적용하면 토양의 비옥도와 작물의 건강이 개선된다. 생명역동농법을 실천하는 농가는 농장을 전체적 관점에서 파악하고, 총합적인 접근방식으로 관리해야 하는 하나의 유기체로 본다.

총합적인 농업 사상holistic agricultural thought에 영향을 준 또 하

나의 흐름은 관행농업의 대안으로 간주되고 있는 유기농업이다. 영국 정부는 유기농업의 개척자인 앨버트 하워드Albert Howard를 당시 식민지였던 인도에 파견해 '원주민'의 영농방식을 개선하도록 했다. 그러나 그는 수년에 걸친 농업 연구와 관찰을 통해 인도 농민이 실천하는 전통적인 영농방식이 당시 유럽에서 실천하는 방식보다 훨씬 더 정교하고 효과적이라고 확신하게 되었다. 이런 경험을 바탕으로 그는 유기농업의 철학과 개념을 발전시켰고, 이를 *An Agricultural Testament*(농업성전)(1943)라는 책으로 출판했다.

하워드는 분뇨를 포함한 폐기물을 효율적으로 재활용해야 할 필요성과 토양비옥도에 대해 강조했다. 하워드의 토양비옥도에 관한 개념은 토양 부식질의 형성에 집중되었는데, 토양의 생명력이 작물과 가축, 인간의 건강과 연결되어 있다는 것을 강조했다. 하워드는 프랭클린 하이럼 킹Franklin Hiram King으로부터 영감을 받았을 것으로 많은 사람은 생각한다. 킹은 중국, 한국, 일본이 식량 부족을 전통적인 농업체계가 갖고 있는 회복력 있는 토착 농업 전략을 통해 극복한 방법을 기록했다(King 1911).

이브 밸푸어Eve Balfour는 *The Living Soil*(살아 있는 토양)(1949)의 출판을 통해 유기농업의 대중화에 기여했다. 제롬 로데일Jerome Rodale과 그의 아들인 로버트 로데일Robert Rodale은 출판업자이면서 유기농업으로 전환한 초기 세대에 속하는데, 미국에서 유기농 개념을 확산하고 대중화하는 데 중요한 역할을 했다(Heckman 2006).

유럽과 북미 지역의 농학자, 지리학자, 곤충학자, 생태학자 등을 포함한 여러 학자와 연구자의 초기 작업도 농생태학의 태동에 영향을 주었다. 베젤 등에 따르면 '농생태학agroecology'이라는 개념은 러시아의 농학자 벤신Bensin이 1930년대에 상업적 작물에 관한 연구에서 생태적 방법의 사용을 묘사하면서 처음으로 사용했다고 한다(Wezel et al. 2009). 1960년대 말에 프랑스의 농학자 에넹은 벤신의 연구에 영감을 받아 농학agronomy을 "식물 생산과 농경지를 관리하는 응용생태학"으로 정의하기도 했다(Hénin 1967).

1950년대에는 독일의 생태학자이자 동물학자인 볼프강 티슐러Wolfgang Tischler는 책 제목으로는 최초라고 할 수 있는 *Agroecology*(농생태학)(1965)를 출판했다. 그는 이 책에 농생태적 연구 결과를 담았는데, 특히 해충 관리뿐만 아니라 토양생물학, 곤충 군집의 상호작용과 농업경관에서의 식물 보호 등에 관한 미해결 문제도 다뤘다.

1900년대 초 이탈리아의 과학자 지롤라모 아지Girolamo Azzi는 '농업생태학agricultural ecology'을 농작물의 발육과 수확량, 품질과 관련된 환경, 기후, 토양의 물리적 특성에 관한 연구로 정의했다(Azzi 1928). 그는 작물의 잠재적 반응과 관련된 연구를 바탕으로, 기상학, 토양과학, 곤충학 등의 개별 학문은 작물과 환경 사이의 관계를 밝혀내는 과학인 농생태학으로 수렴된다는 점을 강조했다. 이후에 알폰소 드라게티Alfonso Draghetti는 *Farm Physiology Principles*(농장생리학 원리)라는 독창적인 책을 출판했다. 이 책에서 저자는 농장을 기능적 통일체(살아 있는 신체)로 파악하면서, 농민이 설계하고 관리하는 모든 부분(기관)이 조직화(생리)를 통해 연결된다고 보았다(Draghetti 1948). 이러한 생리기능을 통해 '기관'의 기능적 역할이 상호보완이라는 상승작용이 연결되는 구조가 되면 물질의 순환과 재생이 가능하게 된다. 토양비옥도의 유지는 장기적인 생산성 혹은 생태계의 건전성을 보장하는 중요한 '생리학적' 목표이며, 농장 거름을 활용하는 윤작과 혼작은 유기물을 토양에 공급하는 중요한 '기관'이다.

미국에서는 농학자인 칼 클라게스Karl Klages가 농생태학에 관한 초기의 중요한 저작을 출판했다. 이 책에서 그는 작물과 그 환경의 복합적인 관계를 이해하기 위해서는 특정 작물 종의 분포와 적응에 영향을 미치는 생리학적, 농학적 요소를 고려해야 한다고 주장했다(Klages 1928). 후에 클라게스는 자신의 정의를 한 지역에서 생산될 수 있는 작물의 수확량을 결정하는 역사적, 기술적, 사회경제적 요소까지 포함하여 확장했다(Klages 1942).

1970년대와 1980년대에는 생태계라는 틀로 농업에 접근하는 점진적인 변화가 이루어졌다. 알티에리, 러터노우와 데이비스(Altieri, Letourneau and Davis 1983), 콘웨이(Conway 1986), 달턴 (Dalton 1975), 더글러스(Douglass 1984), 글리스먼, 가르시아와 아마도르(Gliessman, Garcia and Amador 1981), 하트(Hart 1979), 루미스, 윌리엄스와 홀(Loomis, Williams and Hall 1971), 로런스, 스티너와 하우스(Lowrance, Stinner and House 1984), 네팅(Netting 1974), 스페딩(Spedding 1975), 반다인(van Dyne 1969) 그리고 밴더미어(Vandermeer 1981) 등 농생태적 전망을 담고 있는 농학 연구가 급속하게 늘어났다. 1979에 콕스와 앳킨스Cox and Atkins가 쓴 *Agricultural Ecology*(농업생태학)와 1987년에 알티에리가 쓴 *Agroecology: The Scientific Basis of Alternative Agriculture*(농생태학: 대안농업의 과학적 기초)가 출판된 후에 생태농업에 대한 관심은 더욱 빠르게 높아졌다. 특히 농업의 설계와 관리에서 생태농업의 가치를 발견한 농학자나 농업체계를 생태학적 가설 검증의 시험구역으로 사용하기 시작한 생태학자들 사이에서 생태농업에 대한 관심이 높아졌다.

열대생태학자들은 일찍부터 농생태계의 취약성을 강조했고, 현대의 집약적인 농업기술의 도입이 열대지역에 가져올 위험성을 경고해왔다. 열대 농업체계가 온대 농업체계와는 다르게 기능할 수 있는지를 분석한 잔젠의 열대 농생태계에 관한 논문(Janzen 1973)은 큰 반향을 일으켜서 농업 연구자들에게 열대농업의 생태학을 고민하게 만드는 계기가 되었다.

1970년대에 글리스먼의 연구팀은 에프라임 에르난데스 숄로 코치의 연구(Efraím Hernández-Xolocotzi 1977)를 바탕으로 멕시코 열대지역의 전통적 농업의 생태학적 기초를 밝혀내는 데 집중했는데, 관찰과 실천에 근거하면서 통합적인 문화의 측면도 고려한 경험적 정보가 생태농업을 개념화하고 적용하기 위한 정보의 원천이라고 보았다(Mendez, Bacon and Cohen 2013).

열대생태학자들은 열대지역에서 혼작이 단작으로 대체되면 산림의 파괴, 토양 유실, 영양분 고갈, 작물 질병과 해충 발생, 유전적 다양성의 상실 등이 발생할 가능성이 높아진다고 경고했다 (Janzen 1973; Igzoburike 1971; Dickinson 1972; Gliessman, Garcia, and Amador 1981). 많은 생태학자는 열대지역의 농생태계는 지역생태계의 생태적 기능, 즉 긴밀한 영양분 순환, 복합적인 구조와 향상된 생물다양성 등을 모방해야 한다고 봤다. 이러한 모방을 통해 자연모델과 유사하게 생산적이면서, 해충에 저항성이 있고, 영양분의 보전이 가능한 농생태계를 기대했다(Ewell 1986). 자연을 모방하는 이러한 접근은 캔자스 평원에 있는 더 랜드 연구소the Land Institute에서 다년생 작물의 혼작을 통해 검증되고 있다.

레이철 카슨Rachel Carson이 *Silent Spring*(침묵의 봄)(1962)에서 살충제가 환경에 미치는 2차적 영향에 대한 문제를 제기한 이후, 환경단체들은 농약이 생태계, 야생동물, 먹거리 및 인간에 미치는 농화학적 부담을 줄이는 대체농업의 전개를 촉구했다. 이러한 요구에 대한 하나의 대안이 생물학적 방제와 해충 관리접근의 개발이었다. 이는 알티에리, 러터노우와 데이비스(Altieri, Letourneau and Davis 1983), 브라우닝(Browning 1975), 레빈스와 윌슨(Levins and Wilson 1979), 맷캘프와 러크먼(Metcalf and Luckman 1975), 프라이스와 발트바우어(Price and Waldbauer 1975) 그리고 사우스우드와 웨이 (Southwood and Way 1970) 등이 이론화한 생태적 원리에 기초를 두고 있다. 많은 곤충생태학자는 해충문제의 악화로 나타나는 농생태계의 불안정은 무분별한 살충제의 사용이나 작물의 단작 확대와 강하게 연결되어 있다고 경고했다. 이들은 해충의 포식자와 포식기생자의 서식지와 대체먹이원을 촉진하는 중요한 열쇠인 농생태계 안과 주변의 식생다양성의 회복을 권고했다. 1980년대에는 작물체계의 다양화(품종혼합, 혼작, 혼농임업체계 등)가 천적의 강화와 다른 요소들의 조합을 통해 초식 해충의 개체 수와 해충 피해의 감소로 이어진다는 사실을 보여준 연구가 폭발적으로 증가했다(Altieri and Nicholls 2004, Letourneau et al. 2011).

알티에리(Altieri 1987, 1995), 캐럴, 밴더미어와 로셋(Carroll, Vandermeer and Rosset 1990) 및 글리스먼(Gliessman 1998)은 농생태학의 진화에 기여했는데, 이들은 생태학과 농학에 기반한 초창기의 농생태학을 넘어서서 사회과학자의 참여나 (주로 농민과 선주민의) 지식체계와의 대화, 지역 농업공동체와의 직접적인 결합 등을 통해 학제 간 및 참여적 연구로 나아가는 데 기여했다. 과거에

는 농생태학이 실험적인 생태과학이나 농업생산과학에 기반을
두고 이루어지는 농생태학자의 영역이었다면, 앞서 언급한 이들
의 문헌과 이후 20여 년간 출판된 여러 책과 논문을 계기로 사
회과학이나 정치적으로도 다루어져야 할 영역으로 나아갔다.

끝으로, 과학으로서의 농생태학은 농장 혹은 농생태계라는
차원을 넘어서 먹거리의 생산, 분배, 소비라는 지구적 네트워크
인 세계 먹거리체계로 그 초점이 더욱 넓어지는 큰 변화를 겪
었다(Gliessman 2007; van der Ploeg 2009). 이는 "생태적, 경제적, 사
회적 차원을 포괄하는 전반적인 먹거리체계의 통합적 연구 혹
은 더 간단하게는 먹거리체계의 생태학"으로서 농생태학이라는
보다 새롭고 넓은 정의로 연결되었다(Francis et al. 2003). 이처럼 농
생태학자의 새로운 연구 흐름은 현재의 지구적 먹거리체계를 세
밀하게 분석하고, 사회적으로 보다 공정하고, 경제적으로 지속
가능한 먹거리의 공급과 접근을 위한 지역적 대안local alternative의
탐구로 이어지고 있다.

농촌개발

1970년대 후반에서 1980년대 초반에 걸쳐 기존의 농학이나
생태학과는 상대적으로 관련이 적었던 다양한 지적 흐름의 영향

을 받은 농생태학이 다시 나타났다. 인류학, 민족생태학*, 농촌사
회학, 개발학, 생태경제학**과 같은 다양한 학문이 농생태학의 지
적 계보에 반영되기 시작했다(Hecht 1995). 라틴아메리카에서 녹
색혁명의 생태적·사회적 결과에 대해 우려하는 수백 개의 비정
부조직이 생태학을 처음으로 받아들인 이후, 농생태학이 급속
하게 확대되었다. 자원이 빈약한 농가 대부분은 녹색혁명으로부
터 혜택을 거의 받지 못했다. 새로운 기술은 규모에 대해 중립적
이지 않았다(Pearse 1980). 규모가 크고 더 풍요로운 땅을 갖고 있
는 농가가 큰 혜택을 받은 반면 자원이 빈약한 농가는 많은 경우
손실을 봤고, 그 결과 소득격차가 확대되는 일이 빈발했다(Lappé,
Collins and Rosset 1998: Ch. 5). 이런 기술은 빈곤한 농가에게 적절
하지 않았을 뿐만 아니라, 농민이 이를 설령 원한다 해도 신용이
나 정보, 새로운 투입재를 사용하고 채택하는 것을 도와줄 수 있
는 기술지원이나 기타 서비스에 대한 접근이 어려웠다(Pingali,
Hossain and Gerpacio 1997). 비정부조직들은 소규모 농가의 악화된
자원기반을 보전하고, 다시 활력을 회복해 농촌 빈곤을 퇴치해
야 할 긴박한 필요를 느꼈고, 농업 연구와 자원 관리에 대한 새

* 세계 여러 지역에서 살고 있는 다양한 집단(공동체나 종족 등)이 주변의 생태계와 관계
를 맺는 방식을 연구하는 학문.

** 경제를 생태계의 일부로 파악하는 관점에서 경제현상을 다루는 학문.

로운 접근방식을 생태농업에서 발견했다. 이는 기술의 개발과 확산을 위한 농가와 농민의 보다 적극적인 참여를 의미한다(Altieri 2002). 그들은 농촌의 빈곤층에게 혜택이 가기 위해서는 농업 연구와 개발은 지역민과 그들의 지식, 자생적인 고유의 자연자원 등 지역민이 이미 이용할 수 있는 자원을 활용하여 구축하는 아래로부터의 상향식 접근에 기반해 작동해야 한다고 주장했다. 그것은 또한 참여형 접근을 통해 소규모 농가의 필요와 열망, 여건을 심도 있게 고민해야만 한다(Richards 1985).

토착지식과 기술에 관한 연구와 농촌개발 이론은 농생태학의 성장에 크게 기여했다. 에르난데스 숄로코치(Hernández Xolocotzi 1977), 그리그(Grigg 1974), 톨레도 등(Toledo et al. 1985), 네팅(Netting 1993), 판 더르 플루흐(van der Ploeg 2009)와 같은 인류학자, 사회학자, 지리학자 및 민족생태학자들의 연구가 축적되면서, 농생태학자들은 빈곤층에 도움이 되는 새로운 농업개발 방식의 출발점은 수 세기에 걸쳐 전통적 농가가 발전시키고 물려받아온 바로 그 체계라는 점을 강조한다(Astier et al. 2015).

자원이 부족한 많은 농민이 사용해온 전통적 작물 관리방식은 지역의 생물물리적, 사회경제적 상황에 잘 적응한 새로운 농생태계를 만들려고 노력하는 사람들에게는 풍부한 자원이나 다름없다. 체임버스(Chambers 1983)가 옹호한 "농민이 먼저"라는 접근방식은 농촌개발이 성공하기 위해서는 중요한 요소로서 프로젝트의 모든 단계(설계, 실험, 기술개발, 평가, 보급 등)에서 지역사회를 포함하도록 이끌었다.

오늘날 생태농업 옹호자들은 농촌 주민의 창의적인 자립성이야말로 효과적으로 가동되어야 할 자원으로 폭넓게 인식하고 있다. 1980년대 초부터 라틴아메리카를 포함한 전 세계 개발도상국의 비정부조직들은 전통적 지식과 현대 과학기술이라는 두 가지 요소가 포함된 수백 개의 생태농업 기반 프로젝트를 추진했다. 이에 따라 자원절약적이면서 높은 생산성을 특징으로 하는 다양한 프로젝트가 등장했다(Altieri 1999). 농생태학은 농민의 지식과 경험에 기반을 두고 발전해왔으며, 지식이 고도로 집약되어 있으며, 하향식으로는 전달할 수 없는 기술에 기반하고 있다. 이런 이유로 농생태학은 지역사회가 농민 주도의 농민 간 연구, 풀뿌리 접근을 통해 혁신을 실험하고 평가하고 확산할 수 있는 능력을 강조한다.

자원이 빈약한 농민과 농촌 주민의 상황을 고려할 때, 다양성, 상승효과, 재순환, 통합을 강조하는 기술적 접근이나 지역사회의 결합을 중시하는 사회적 과정은 이들의 선택지를 넓히는 것을 목적으로 하는 모든 전략에서 주춧돌이라는 점을 지적한다(Holt-Giménez 2006; Rosset 2015). 일반적으로, 농생태학적으로 관리되는 체계는 시간이 지남에 따라 단위면적당 총생산량의 안정적인 수준, 경제적으로 유리한 수익률, 소규모 농가의 생활에 충분한 노동과 투입재에 대한 보수 제공, 토양의 보호와 유지, 생물다양성의 향상 등을 가져온다(Pretty 1995; Uphoff 2002).

라틴아메리카에서 생태농업의 확산으로 인지적, 기술적, 사회정치적 혁신이라는 흥미로운 과정이 촉발되었다. 이는 진보 정부의 출현, 농민 및 선주민의 저항운동 같은 새로운 정치적 시나리오와 밀접하게 연결되어 있다. 따라서 새로운 농생태학의 과학적·기술적 패러다임은 오늘날 사회운동과 정치과정 사이의 끊임없는 상호성에 기반하고 있다(Martínez-Torres and Rosset 2010, 2014; Rosset and Martínez-Torres 2012; Machado and Machado Filho 2014). 종자-화학 패키지와 '마법의 탄환' 같은 특효약 레시피를 강조했던 녹색혁명 접근법과는 대조적으로, 농생태학은 농민의 지역 내 경제적 요구와 그 생물물리학적 여건에 따라 다양한 기술적 형태를 취하는 원리에 따라 작동한다는 점에서 농생태적 혁명의 기술적 특징이 있다. 농생태적 혁신은 농민이 수평적 방식으로 참여해서 만들어지고 있으며, 기술을 표준화하는 것이 아니라 각각의 특정 상황에 유연하게 적용하여 대응한다.

지역에서의 농생태적 혁명은 다음과 같은 인식론적 혁신을 특징으로 한다(Altieri and Toledo 2011).

• 농생태학은 정치생태학*, 생태경제학, 민족생태학을 비롯한 학제적인 결합을 통해 자연적·사회적 과정을 통합한다.

- 농생태학은 총합적인 접근방식을 사용하므로, 사회-생태적 체계로 간주되는 농생태계의 개념을 중심으로 여러 다른 분야의 지식의 진화와 방법을 포괄하는 학제 간 연구로 오랫동안 인식되어 왔다.
- 농생태학은 자연적인 것이 아니라 자기성찰적이며, 관행적인 농업패러다임에 대해 비판적이다.
- 농생태학은 지역의 지혜와 전통의 가치를 인정하며, 참여형 연구를 통해 지역의 주체와 대화하면서 새로운 지식의 창출을 끊임없이 도모한다.
- 농생태학은 단기적이고 원자론적인 관점의 관행적인 농학과는 극명하게 대비되는 장기적 비전을 채택한다.
- 농생태학은 자연친화적이고 사회적으로 정의로운 생산체계를 만드는 연구 의제에 더해서 생태적·사회적·윤리를 실천하는 과학이다.

농민 연구와 재농민화

현대 농생태학과 농민 연구의 관련성은 매우 높다. 에두아르

---

* 생태문제를 정치적 관계와 관련지어 연구하는 학문.

도 세비야 구스만Eduardo Sevilla Guzmán 등의 농촌사회학자들은 사회과학과 사회이론에서 농생태적 사상의 기원을 신나로드니즘*과 자유주의적 비주류 마르크스주의**에서 찾고 있으며(Guterres 2006; Sevilla Guzmán 2006, 2011; Sevilla Guzmán and Woodgate 2013), 특히 차야노프Chayanov의 독창적인 사상에 주목하고 있다(van der Ploeg 2013 참고). 아마도 세비야 구스만과 판 더르 플루흐는 이들 사상의 가치를 재평가한 현대의 대표적인 지지자라고 할 수 있다(Sevilla Guzmán and van der Ploeg 2009, 2013).

이들의 농업 사회사상과 운동의 기초는 농업의 산업화 초기 과정에 저항하여 출현했고, 오늘날에도 자본주의적 근대화와 이에 대한 저항운동으로 변증법적 발전을 계속해오고 있다. 따라서 농생태학은 자본주의적 생산관계를 문제시하고, 농업 사회운동과는 동맹을 형성한다는 사회적 맥락을 가진 응용과학이라고 할 수 있다. 이런 점에서 농생태학은 라틴아메리카에서의 농

---

* 나로드니즘은 19세기 말 후진국 러시아에서 공동체적 전통을 단서로 자본주의 발전의 길을 거치지 않고 이상적인 사회로 갈 수 있다는 사상으로, 마르크스주의와 함께 제3세계 변혁의 사상이라고 할 수 있다. 신나로드니즘은 마르크스주의자들에 의해 자신들이 끊어야 할 과거의 사상이나 운동의 총체를 지칭하는 용어로도 사용되었으나, 산업적 농업의 확산으로 대규모 생물다양성 손실, 사막화, 토양 및 수질 오염, 해양 산성화, 화학 오염, 기후변화 등의 문제가 심각하게 되면서 새롭게 조명되었다.

** 마르크스주의의 반권위주의적이고 자유주의적인 측면을 강조한다. 무정부주의와 함께 자유주의적 마르크스주의는 전통적인 마르크스주의의 경제적 결정론과 계급투쟁 강조에서 벗어나 개인의 권리와 자유, 민주적 절차의 중요성을 강조한다.

민층peasantry/campesinado의 궁극적인 소멸을 예측한 탈농민론자de-peasantizer/descampesinista와 농민은 자본주의 경제의 주변부에서 계속적인 재생산이 가능하다고 믿는 농민론자peasantist/campesinista 사이의 논쟁으로부터 큰 영향을 받았다.

판 더르 플루흐는 오늘날의 농민층에 관해 다음과 같은 이론적 제안을 내놓았다. 그는 '농민'을 정의하는 대신 자율성을 구축하기 위한 끊임없는 투쟁으로 특징지을 수 있는 '농민적 조건' 또는 '농민적 원리'를 정의한다.

> 그렇기에 농민적 조건에서 중요한 것은 의존관계나 주변화, 박탈로 특징지어지는 맥락에서 발생하는 자율성을 위한 투쟁이다. 그것은 자원기반을 스스로 통제하고 관리하여 발전시키는 것을 목표로 실현해간다. 이로부터 인간은 시장과 상호작용하면서 인간과 살아 있는 자연의 협동을 통한 생산이 가능하게 되고, 인간의 생존과 자원기반을 개선하고 강화할 수 있으며, 협동하여 생산하는 과정을 개선하고, 자율성을 확대하고, 의존도를 낮춘다. … 결국 이러한 상호관계를 조정하고 강화하는 협력의 틀이 만들어진다(van der Ploeg 2009: 23).

이 정의에서 두 가지 두드러진 특징을 확인할 수 있다. 첫째, 농민은 자신들의 자원기반(토양, 생물다양성 등)을 강화하는 방식으로 자연과 함께 협동하여 생산하는 방법을 모색한다. 둘째, 불평등과 부등가교환을 특징으로 하는 세계에서 외부에 대한 의존을 줄임으로써 농민은 (상대적) 자율성을 얻기 위해 투쟁한다. 판 더르 플루흐에 따르면, 농민은 자신의 상태를 개선하기 위해 자원기반을 강화하고 투입재 및 금융 시장(이는 부채를 낳는다)으로부터 자율성을 확보하기 위한 수단으로 생태농업을 추구할 수 있다(van der Ploeg 2010). 생태농업을 매개로 의존성에서 벗어나 상대적 자율성을 향한 이동—어떤 경우에는 경영자적 농민이 되었다가 다시 농민이 되는 경우도 있다—은 그가 재농민화re-peasantization*라고 부르는 하나의 축이다(van der Ploeg 2009). 재농민화의 또 다른 축은 농지개혁, 농지점유, 기타 다른 메커니즘에 의해 농기업이나 다른 거대 지주로부터 농지와 영역**을 획득하는 경우다(Rosset and Martínez-Torres 2012).

농민이 외부 투입재에 의존하는 영농으로부터 지역의 자원에 기반한 생태농업으로 전환하면서 그들은 '더욱 농민화more peasant'한다. 생태농업의 실천은 전통적 농민의 방식과 유사하고 이에 기반하는 경우가 많으므로, 이 전환 과정에서 재농민화가

---

* 농민들이 자본의 종속에서 벗어난 혹은 벗어나고자 노력하는 현상 혹은 과정으로, 타인의 임금노동이나 외부 투입재에 의존하기보다는 스스로 조달하는 농민농업의 주체가 되는 것. 비농민이 농민농업의 주체가 되기 위한 행위 또는 과정도 해당.

** 영역territory에 대한 상세한 논의는 제5장을 참고할 것.

나타난다. 그리고 농기업은 농지를 생태적으로도 사회적으로도 쓸모없는 것으로 만드는 데 비해, 농민에 의해 생태적으로 경작되는 땅은 회복된다는 것은 중요한 차이다. 농민들은 생태농업을 통해 영역을 다시 농민의 영역으로 재구성함으로써 자신들을 재농민화한다. 만일 농민이 더 큰 의존성, 산업적 농업기술의 사용, 시장 관계와 부채의 악순환에 빠져들게 되면, 이는 탈농민화de-peasantization*에 있어 하나의 축이 된다. 또 다른 하나의 탈농민화의 축은 농지를 약탈하는 기업이나 국가가 농민을 그들의 땅이나 영역에서 쫓아내고, 이를 농산업, 광업, 관광 혹은 기반시설의 개발을 위한 영역으로 만들어버리는 것이다(Rosset and Martínez-Torres 2012).

재농민화와 탈농민화라는 두 과정은 상황의 변화에 따라 부침을 겪는다(van der Ploeg 2009). 1960년대에서 1970년대까지의 녹색혁명 전성기에 농민층은 집단적으로 이 시스템에 편입되었고, 그들 중 다수는 경영자적 가족농이 되기도 했다. 그러나 판 더르 플루흐에 따르면, 오늘날에는 증가하는 부채와 시장에 의한 배제에 직면하게 되면서 이런 현상은 역전되었다(van der Ploeg 2009, 2010). 그는 시장에 가장 잘 통합된 북반부 국가의 농민들조차 은행, 투입재 및 기계 공급업자, 중개업자로부터 상대적으

---

* 농민이 농업 및 비농업 부문의 노동자 또는 경영자가 되는 현상 또는 과정.

로 더 많은 자율성을 확보함으로써 사실상 '더욱 농민화'하는 (적어도 작은) 걸음을 옮기고 있다는 점을 설득력 있는 자료로 보여주었다. 그들 중 일부는 유기농가가 되기도 한다. 달리 말하면, 시장의 몇몇 또는 많은 요소와 단절하는 경우가 많이 나타나기도 한다(Rosset and Martínez-Torres 2012).

재농민화의 수치는 미국과 브라질 같은 나라의 농장 수나 전업농의 수가 장기적인 감소추세를 멈추고, 나아가 증가추세를 보이기도 하는 것에서 확인된다(Rosset and Martínez-Torres 2012). 소규모 농장의 수와 대규모 상업적 농장(농기업)의 수는 모두 증가하고, 중간 규모의 농장 수가 감소하는 것이 관찰된다. 이는 바꿔 말하면, 오늘날 재농민화와 탈농민화가 이루어지는 가운데 중규모의 (경영자적) 농가가 감소하고 있다는 것이다. 그리고 우리는 물질적 및 비물질적인 영역을 두고 농기업과 이에 대항하는 농가 사이의 갈등이 점점 심해지고 있는 것을 확인할 수 있다(Rosset and Martínez-Torres 2012).

이러한 맥락에서 1992년 이후 세계 최대의 초국적 사회운동조직이라고 할 수 있는 비아 캄페시나가 결성되었다(Desmarais 2007; Martínez-Torres and Rosset 2010). 비아 캄페시나는 저항과 재농민화, 영역의 재설정에서 중요한 역할을 수행했고, 농생태적으로 다양화된 영농을 추진했다(Sevilla Guzmán and Alier 2006; Sevilla Guzmán 2006). 물론, 다소 틀에 박힌 이분법의 잣대로 농기업과 농민이라는 정체성을 둘 다 여전히 갖고 있는 상당수의 중규모 농민이 더 이상 존재하지 않는다는 의미로 받아들여서는 안 된다.

조직화된 농민과 선주민을 기반으로 하는 비아 캄페시나 같은 운동조직은 대규모 농장의 수출 주도/자유무역에 기초한 산업적 농업모델을 바꿔내야만 빈곤, 저임금, 농촌-도시 이주, 기아, 환경악화라는 악순환을 단절하는 것이 가능하다고 보고 있다 (LVC 2013). 이러한 운동조직은 생태농업의 개념을 농지, 물, 농생물다양성 등에 접근해 통제할 수 있는 지역자치, 지역시장, 지역사회의 행동에 집중하는 식량주권의 중요한 기둥으로 파악하고 있다. 먹거리를 지역에서 생산할 수 있는 지역사회를 만들려면 이들이 매우 중요하기 때문이다.

많은 농민 및 선주민 조직은 생태농업을 소규모 영농의 기술적 기반으로 채택해왔고, 이를 농민에서 농민으로 연결되는 수천 개의 네트워크와 풀뿌리 교육과정을 통해 활발하게 추진해왔다(LVC 2013; Rosset and Martínez-Torres 2012). 생태농업이 많은 농촌의 사회운동에 포함된 다섯 가지 이유는 다음과 같다.

1. 생태농업은 집단적인 행위를 통해 농촌의 현실을 전환하는 유력한 사회적 수단이며, 농민과 그의 가족, 지역시장에 건강한 먹거리를 제공하는 식량주권을 구축하는 핵심 구성요소다.
2. 생태농업은 전통적이고 대중적인 지식에 기반을 두면서 서구 과

학의 접근방식을 지혜롭게 받아들였기에 문화적으로 받아들이기 쉬운 접근방식이다.

3. 생태농업은 인류가 어머니 지구Mother Earth인 대지와 조화를 이루면서 보살피며 사는 것을 가능하게 한다.

4. 생태농업은 외부 투입재에 대한 의존을 줄이고, 토착지식과 농생물다양성, 지역자원의 활용을 강조하고, 상대적 자율성을 확보하는 것을 도와주기 때문에 경제적으로 실행가능한 기술을 제공한다.

5. 생태농업은 농가와 공동체가 기후변화의 영향에 적응하고 저항하는 것을 도와준다.

농촌운동의 측면에서 생태농업의 추진이 갖는 장점이나 이점에도 불구하고, 그 전파에 있어서 내부적·외부적 장벽에 직면해 있다(제4장에서 논의).

대안농업의 다른 흐름

대안농업에는 다양한 사례가 있고, 이들은 생태농업의 원리와 실천으로부터 어느 정도 영향을 받고 있다. 대표적으로 생명역동농업, 유기농업, 영속농업permaculture, 자연농업 등이 있다. 이들은 모두 생태농업의 원리를 활용한 다양한 범위의 대안적 실천을 통해 화학적으로 합성된 농약과 비료, 항생물질에 대한 의존을 줄이고, 생산비용을 낮추고, 산업적 농업 생산이 환경에 끼치는 부정적인 영향을 줄이고자 한다.

유기농업

유기농업은 전 세계 거의 모든 지역에서 실천되고 있는데, 농경지와 농장 수에서 이들이 차지하는 비중은 높아지고 있으며, 유기농인증을 받은 면적은 전 세계에서 3,000만 헥타르를 넘었다. 유기농업은 합성비료와 살충제를 회피하거나 배제하면서, 농업 생산성을 유지하는 생산체계다. 유기생산 농민은 작물의 윤작, 피복작물, 녹비, 작물 잔존물, 동물 분뇨, 콩과식물, 농장 밖의 유기 폐기물, 기계에 의한 경작, 천연광석, 생물학적 해충 방제를 활용해 토양의 생산성과 토양의 상태를 유지하고, 식물에 영양분을 제공하고, 해충, 잡초, 질병을 통제한다.

스위스의 과학자들은 21년에 걸쳐 유기농법과 관행농법의 성과를 농학적, 생태학적으로 비교했다. 이들은 유기농업이 비료의 사용량은 20%, 에너지는 31~53%, 살충제는 98%를 덜 사용했지만, 수확량은 20% 낮은 것을 발견했다. 연구자들은 향상된 비옥도와 높은 생물다양성으로 유기농지는 외부 투입재에 대한 의존도를 낮출 수 있다고 결론지었다(Mader et al. 2002).

　농생태학의 원리에 기초한 유기농업은 토양유기물과 토양생
물군을 풍성하게 하고, 탄소를 격리하고, 해충과 질병, 잡초 피
해를 최소화하고, 토양, 물, 생물다양성 자원을 보전하고, 최적의
영양가와 질 좋은 작물을 생산해서 장기적인 농업 생산성을 높
인다(Lampkin 1992).

　그런데 불행히도 인증받은 유기농업체계의 80%는 단작체계
이고, 해충의 방제나 토양을 비옥하게 하려고 외부의 (유기/생물학
적) 투입재에 의존도가 높은 상태로 관리되고 있다. 제1장에서 언
급된 바와 같이 이러한 방식의 단작을 그대로 유지하는 것은 고
투입체계에서 벗어나 대안으로 나아가는 길이 아니며, 영농체계
를 더 생산적인 방향으로 재설계하는 것도 아니다. 이러한 체계
를 따르는 농가는 일반적으로 값비싼 여러 가지 유기 투입재 공
급업자(대다수는 기업적 성격)에게 계속 의존하는 투입재 대체의
함정에 빠져 있다(Rosset and Altieri 1997).

　'관행적인' 유기농업에 대한 생태농업 옹호자들의 비판은 단
지 단작 방식의 대규모 농장plantation과 외부 투입재에 대한 과
도한 의존을 극복하지 못한다는 점에 그치지 않는다. 많은 유기
농가가 외국의 혹은 비용이 많이 드는 인증라벨이나 농수출만
을 겨냥한 공정무역fair-trade에 의존하게 되어 불안정한 국제시장
에 종속된다는 점도 비판의 대상이 된다(Holt-Giménez and Patel

2009). 유기식품에 대한 수요가 증가하고 있는 것은 의심의 여지가 없지만, 이는 산업화된 세계에서 소득수준이 높은 인구에 한정되어 있다. 세계화된 경제를 활용할 수 있는 틈새시장을 개발해 유기식품을 판매하는 것은 자본에 접근할 수 있는 사람에게 특권을 부여해 '부자를 위한 가난한 사람들의 농업'을 영속시킬 뿐이다. 슬로푸드운동이 추진하는 "깨끗하고 공정하며 좋은 먹거리clean, fair and good food"와 공정무역 커피, 바나나, 기타 농산물은 북반부의 부유층이 주로 즐긴다. 유기농 시장에 남반부의 국가들이 진입함에 따라 대부분의 농산물 생산은 수출을 위해 이루어지고, 그래서 가난한 국가의 식량주권이나 먹거리 보장에는 거의 기여하지 않는다. 더 많은 유기농산물이 국제적으로 거래되면서 그간 관행농업을 지배해온 다국적기업이 여전히 유기농산물의 유통도 담당한다. 지역에서 생산된 신선한 먹거리를 소비함으로써 지속가능한 농업을 지지하는 미국과 유럽의 먹거리운동조차 유색인종이나 이웃의 저소득층에 대한 관심은 높지 않다. 먹거리사막*에 살고 있는 이 사람들은 건강한 먹거리, 이른바 지속가능한 먹거리에 구조적으로 접근할 수 없다.

농가나 기업이 인증받을 수 있는 경지면적의 상한을 제한하지

---

* 먹거리를 구입할 수 있는 판매처가 주위에 없는 경우뿐만 아니라, 사회경제적인 이유로 먹거리를 구할 수 없는 경우도 포함하여 지칭한다.

않기 때문에 오늘날 거대 기업이 이러한 흐름에 동참하고 있고, 이들이 소규모 유기농가를 대체하고 있다(Howard 2016). 캘리포니아에서는 유기농산물을 50만 달러 이상 판매하는 상위 2%의 농가가 전체 생산액의 절반 이상을 차지한다. 판매액이 1만 달러 이하인 하위 75% 농가의 생산액은 전체 매출의 5%에 불과하다. 캘리포니아에서 소비자가 구매하는 유기농산물의 7%만이 지역의 소규모 농장에서 나온다. 판매되는 유기농산물의 81%는 대규모 가공업체, 유통업체, 도매업체 및 중개업체를 거친다. 여러 개의 농장, 포장공장 및 지역거점이 하나의 회사로 통합되려면 거대 기업의 관행적인 방식이 요구된다. 이 체계는 부와 지배력을 피라미드의 정점으로 통합하는 데에는 탁월하지만, 유기농업 운동이 본래부터 지향해왔던 지역공동체와 지역의 통제라는 목표와는 반대된다. 이미 살펴본 바와 같이 유기농 산업이 거대 기업에 장악되면 부유층을 위한 틈새시장이 목표가 되고, 지역사회의 가치는 필연적으로 뒷전으로 밀린다(Guthman 2014).

또한, 대부분의 유기 재배 인증규약에는 생산의 차별화를 위한 사회적 배려는 포함되어 있지 않다. 오늘날 캘리포니아에서는 환경은 고려하였으나, 농장노동자의 착취를 대가로 생산된 유기농산물을 구입할 수 있다(Cross et al. 2008; Guthman 2014). 일반적으로 유기농업이든 관행농업이든 거기에서 일하는 농장노동자의 생활조건, 노동관행, 임금에 큰 차이는 존재하지 않는다. 이

것이 농장노동자노동조합이 유기농업을 진심으로 지지하지 않는 이유일 수 있지 않을까? 유기농업이 생태적으로뿐 아니라 사회적으로도 지속가능하지 않으면 안 된다는 것은 의문의 여지가 없다. 이를 위해 유기농업의 기술은 사회적 가치와 생태적 지속가능성을 추동하는 사회적 조직 속에서 함께 이루어져야 한다.

자본주의적 농업에 대해 상대적으로 호의적인 관점을 갖고 있는 집단의 특징은 투입재의 대체와 수출시장을 중요하게 생각하는 '기술결정론'을 통해 잘 드러난다. 이들은 유기농산물이 국제적인 상품으로 되어 부자들의 소비를 위해 더 많이 교역되고 있다는 사실, 그리고 유기농산물의 생산과 유통도 관행농업을 지배하고 있는 동일한 다국적기업의 지배를 받고 있다는 사실을 무시한다(Rosset and Altieri 1997; Howard 2016). 상업적인 수출지향의 유기농업을 둘러싼 복잡한 이슈들을 무시하는 것은 유기농업이 본래 가졌던 농업에 대한 비전을 훼손하는 것이다. 본래 유기농업은 지역의 생산과 소비를 강화하기 위해 다양화된 소규모 농업의 부활을 전망했다. 현재의 농업구조를 여건으로 받아들이면, 그 구조에 도전하는 대안을 만들어내는 현실적 가능성은 협소해져버린다. 단순히 대안적인 농업기술을 도입한다고 해서 단작 생산, 농장의 규모 확대와 기계화가 몰고 온 추세를 변화시키기는 어렵다(Altieri 2012).

공정무역

소규모 농가가 더 좋은 가격을 받을 수 있도록 해서 빈곤을 줄이려는 시도로 출발한 이른바 공정무역fair-trade운동은 커피, 코코아, 차, 바나나, 설탕 등의 상품에 대한 윤리적 소비를 지향하는 전 세계적인 운동이다. 공정무역은 코스트코Costco, 샘스클럽Sam's Club, 시애틀스 베스트Seattle's Best, 던킨도넛Dunkin Donuts, 스타벅스Starbucks, 맥도널드McDonalds와 같은 거대 기업/브랜드가 공정무역인증 커피를 제공하기 시작하면서 급속하게 시장 확장이 이루어졌다(Jaffee 2012; Jaffee and Howard 2016). 이들 기업은 노동조건이나 환경문제와는 관계없이 미국에서 공정무역인증을 받았다. 2005년에 공정무역 시장은 5억 달러 규모로 성장했는데, 특히 스페셜티 커피specialty coffee 시장이 가장 빠르게 성장했다.

이런 급속한 성장이 이루어지는 과정에서 공정무역은 수출에 집중했고, 지역의 식량주권이나 먹거리 보장에는 거의 기여하지 않았다. 종종 농촌사회에서 좋은 가격을 받게 된 극소수의 가족만이 상대적으로 혜택을 보게 되면서 사회적 양극화가 심화되었다. 공정무역 회사들은 사회적 변화—세계무역기구WTO로부터 농업 제외, 북미자유무역협정NAFTA을 비롯한 다른 지역의 자유무역협정의 폐지—를 요구하는 다른 사회운동과는 결합하지 않았고, 따라서 지역에 기반해 사회적으로 정의로운 지속가능한 먹거리 생산을 위한 농촌의 사회운동이나 정부 정책을 옹호하지 않는다(Holt-Giménez and Shattuck 2011).

보전주의 생물학자

전통적으로 '보전주의 생물학자conservation biologist'는 농업을 자연보전의 적으로 간주해왔는데, 전 세계적으로 15억 헥타르에 이르는 토지가 경작되면서 농업이 생물권에도 큰 영향을 끼치게 되었다는 사실을 확인하면서 지역적, 지구적 생물다양성을 위한 더 나은 결과를 만들어내기 위해 이 문제를 다루게 되었다. 또한, 녹색혁명 때문에 집약화된 생산으로 경작지가 덜 필요하게 되어 수백만 헥타르의 숲과 여기에서 사는 야생동식물이 살아남게 되었다는 식으로 관행농업을 옹호하는 농학자의 영향을 받은 많은 보전주의 생물학자는 '토지 절약land sparing'이라는 개념을 받아들였다. 관행농업의 집약화는 더 많은 먹거리를 더 적은 토지에서 생산할 수 있게 하므로 이는 자연보호를 위한 토지 '절약'이었다. 그러나 이것은 산업적 농업과 플랜테이션, 기업이 주도하는 목장이 지구적인 생물다양성의 중요한 파괴자라는 사실을 무시한 것이다.

이와는 대조적으로, '토지 공유land sharing'라는 개념은 농생태적 영농이 농업과 생물다양성으로 공유되는 경관에서 다양성(모

자이크) 또는 매트릭스에 기여한다고 본다(Perfecto, Vandermeer and Wright 2009; Grau, Kuemmerle and Macchi 2013). 크레멘은 보전을 위한 많은 선택지 중에서 '토지 절약'과 '토지 공유'라는 이분법은 미래의 가능성을 단지 두 개만으로 제한한다고 주장한다(Kremen 2015).

에코농업

야생생물에 우호적인 영농방식에 관심을 가진 많은 사람이 '에코농업eco-agriculture'이라는 개념을 채용했다. 에코농업은 생물다양성이 잘 유지되는 지역이 다수 존재하는 남반부가 농업의 집약화를 통해 야생생물의 보전을 달성할 수 있다고 주장한다. 그런데 남반부는 빈곤층이 집중되어 있고, 생존을 위해 어쩔 수 없이 야생생물의 서식지를 이용하지 않을 수 없는 곳이기도 하다(McNeely and Scherr 2003). 에코농업을 옹호하는 사람들은 농업의 현대화가 생태계의 보전에 미치는 영향을 줄이기 위한 가장 좋은 방법은 새로운 기술을 도입해 단위면적당 수확량을 늘려서 농경지의 확장을 막고 자연림과 다른 야생생물의 서식지를 남기자는 것이다.

이들에게는 새나 다른 동물들의 보호에 효과가 큰 것만이 중요할 뿐이다. 그렇게 되면 생물다양성 보전을 위해 보호된 자연 서식지가 있는 대규모 고투입 및 고수확량을 가져오는 단작 재배든, 혹은 자연적 식생으로 잘 어우러진 소규모의 다양화된 농장(즉, 커피 혼농임업)을 포함한 경관이든 큰 차이가 없는 것이 된다. '합리적인' 환경적·사회적 비용으로 달성할 수 있다면, 이들의 최종목표는 야생의 보전이다. 먹거리에 대한 수요를 충족하기 위해 수확량을 늘리는 데에만 집중하게 되면 환경에 매우 큰 피해를 주는 것은 확실하다. 그러나 오직 자연보호만을 유일한 목표로 삼는다면 수백만 명이 기아와 빈곤에 빠질 수 있다(Altieri 2004).

토지의 절약 대 공유sparing vs. sharing 논쟁은 우리 시대의 가장 중요한 두 가지 문제―늘어나는 인구를 먹여 살리는 것과 생물다양성을 보전하는 것―에 관한 매우 필요한 논의를 촉발하는 데 크게 기여했다(Fischer et al. 2014). 그러나 두 가지 보전 메커니즘으로 논쟁을 한정하게 되면 먹거리 생산과 토지의 희소성에 대한 논의로는 적합하지만, 식량주권이나 토지 및 다른 자원과 먹거리체계를 누가 지배하는가에 대한 논의는 이루어지지 않는다. 이는 둘 사이의 상충관계를 명확하게 하는 데에는 도움이 되지만, 이 상충관계에서 더 나아가 어느 것이 사회적으로 바람직한가에 관해서는 말하지 않는다. 생물다양성에 관한 답변은 생물다양성을 어떻게 정의하고 측정하는가의 방식에 따라 달라진다.

자연의 매트릭스

퍼펙토, 밴더미어와 라이트는 보다 실행가능한 보전 전략으로, 생물다양성 보전, 먹거리 생산, 식량주권(즉, 먹거리 생산자와 소비자의 권리) 모두를 상호연결된 목표로 파악하는 "자연의 매트릭스nature's matrix"를 제안했다(Perfecto, Vandermeer and Wright 2009). 이 질적 매트릭스 모델matrix quality model은 농업이 환경 보전의 적敵이라는 가정에 이의를 제기한다. 중요한 것은 어떤 종류의 농업인가에 있지, 단순히 그것이 존재한다는 사실 자체가 아니라는 지적이다. 요약하면, 세계의 사람들이 먹을 수 있는 충분한 먹거리를 생산하기 위해 산업적 농업이 필요하다는 일반적인 통념과는 달리, 농생태적 방식을 선택하여 활용하는 농민이나 소규모 농가가 산업적 농업만큼 혹은 산업적 농업보다 더 생산적일 수 있다는 것을 경험적 자료들을 통해 보여준다. 소규모의 지속가능한 농장으로 구성된 농업 매트릭스가 현재의 식량 위기와 생물다양성 위기 모두를 해결하는 상생의 상황을 만들어낼 수 있다.

에코페미니즘

캐럴린 머천트Carolyn Merchant, 반다나 시바Vandana Shiva를 비롯

한 에코페미니스트ecofeminist는 현대 서구 과학의 인식론적 기원
을 식민주의, 자본주의, 가부장제와 구체적으로 관련짓고 있으
며, 그것은 현대사 전반에 걸쳐 야기된 폭력의 물리적 형태와 인
식론적 형태 모두와 밀접하게 관련되어 있다고 오랫동안 주장해
왔다(Merchant 1981; Mies and Shiva 1993). 그들은 환원주의*적 과학
과 기술에 의한 무차별적인 자연 지배가 가부장적 사고 형태와
동일하다고 보면서, 자연에 대한 지배가 남성에 의한 여성 지배
와 유사하다는 것을 지적한다(Levins and Lewontin 1985 참고).

  그들은 생태적·총체적 사고 일반과 특히 에코페미니즘을 자
연과 더불어 살아가는 여성적 인식의 표현으로 파악한다. 이는
최근에 알려지게 된 남아메리카 선주민의 합리성, 즉 어머니 지
구와 함께하는 '좋은 삶buen vivir'이라는 선주민의 합리성과 매우
유사하다(Giraldo 2014). 만일 산업적 단작이 농업에 적용되는 가
부장적 사고의 전형이라면, 그 대극에 있는 생태농업은 실제로
페미니즘에 뿌리를 두고 있다(Shiva 1991, 1993; Siliprandi 2009).

  보다 최근에는 여성 농민과 농가가 농생태적 전환 과정에
서 눈에 띄는 혹은 드러나지 않는 주역을 맡는 경우가 많다
(Siliprandi 2015; Siliprandi and Zuluaga 2014). 여성은 다양한 사회운

---

* 전체는 부분의 집합이라는 기계적 사고를 바탕으로, 전체를 분해하여 각 부분의 메
커니즘을 밝혀내어 이를 결합하면 전체를 이해할 수 있다고 보는 사고체계.

동 과정에서 공적인 지도자의 역할을 수행하기도 하지만, 남성 지도자에 비해 대표성이 낮은 경우가 많다. 그러나 여성 농민이 눈에 띄는 지도적 역할을 하지 않을 때에도 위험한 살충제 사용을 종식시키고, 건강한 농산물—여성은 건강과 가족의 영양상태에 관심이 높다—을 생산하기 위해 앞장서서 노력한 것은 일반적으로 농가 내부의 여성이라는 사실을 성공한 농생태적 전환의 과정에서 확인할 수 있다.

농민이나 농가를 포함해서 전 세계적으로 가부장제, 성차별, 남녀 간의 불평등, 가정폭력은 여성뿐만 아니라 가족 전체의 삶의 질에 영향을 미친다. 단작, 화학 투입재, 기계화에 기초하는 관행적인 녹색혁명형 농업은 가족 구성원 가운데 남성 가장에게만 자리를 제공한다. 기계를 관리하는 것이나 살충제를 살포하는 것도, 한 해의 수확을 통해 얻은 소득도 남성의 몫이 된다. 결국 가정 내에서 남성의 강력한 역할이 더 강화된다. 남성이 가정 내의 모든 사항을 전적으로 결정하는 경우가 많다. 다른 가족 구성원은 그의 조력자에 불과하다.

쿠바의 폭넓은 경험을 통해 생태농업이 더 나은 방향으로 계속 나아가리라는 것을 확인할 수 있다. 생태농업은 농가의 소득을 증가시키고 다양하게 하며, 또한 이 과정에서 책임의 다양성도 가족 모두에게 확대된다. 단작의 농장이 농생태적으로 다양화된 농장으로 전환되는 과정에서 농가 구성원들의 책임과 의무도 마찬가지로 다양화된다. 농장이 상업적 단작으로 이루어질 때에는 모든 결정을 남성이 했다. 투입재를 사고, 땅을 정비하고, 작물을 수확해 판매함으로써 수입을 손에 넣는 것은 보통 남성이었다.

그러나 농생태적 전환이 이루어지고, 이에 따라 작물, 나무, 가축이 다양해지면 이를 돌보는 책임도 다양해져 각자가 해야 할 역할이 주어지게 되고, 때때로 각자의 독립적인 수입도 생기게 된다. 예를 들면 여성은 가축을 책임지는 것 이외에도 텃밭에 식물과 채소를 심을 수 있다. 혹은 그들은 지렁이 양식(지렁이 퇴비화)을 담당하고, 이웃의 여성들과 함께 지렁이 양식을 공동체로 묶어낼 수 있다. 젊은이는 특정 동물을 키우는 등 자신만의 사업으로 돈을 벌 수 있다. 노년층은 과수를 재배하고 과일을 활용해 잼을 만들어 팔 수 있다.

생태농업을 실천하는 농장에서 만들어지는 이러한 모든 기회는 농가의 전 세대가 (재)통합되도록 유도하며, 세대 구성원 각자는 상대적으로 자율적인 의사결정 권한을 얻게 되며, 나아가 자신만의 수입을 가질 수 있게 된다. 이 누적효과를 통해 가정 내 남성이 갖고 있는 절대적인 가부장적 권력은 관행적인 단작 재배의 농장에 비해 상대적으로 축소된다.

페미니즘은 농생태적 사상에서 하나의 중요한 흐름이 되었고, 농생태적 과정에 있어서도 본질적인 부분이다. 이 모든 과정은 페미니즘을 강화하는 일에 기여하는 것이기도 하다.

제3장

생태농업을
뒷받침하는 증거

오늘날 대부분의 전문가는 먹거리 생산량을 늘리는 것은 미래의 기아를 예방하기 위한 필요조건일 뿐 충분조건은 아니라는 점에 동의한다. 기아는 가난한 사람들의 생활을 보장하는 데 필수적인 경제적 기회의 부족과 먹거리나 토지 및 기타 자원에 대한 접근을 가로막는 자본주의체계가 갖고 있는 근원적인 불평등 때문에 발생한다(Lappé, Collins and Rosset 1998). 따라서 초점을 먹거리의 생산 증가로 좁히면 기아는 완화될 수 없다. 그 이유는 생산 자체에만 초점을 맞추게 되면 누가 먹거리를 구입할 수 있으며, 누가 먹거리 생산에 필요한 종자, 물, 땅에 접근할 권리를 가질 것인가를 결정하는 기존의 고도로 집중된 권력은 바뀌지 않기 때문이다. 따라서 미래의 수요에 대응해 먹거리 생산을 증가시키면서, 동시에 소규모 농가의 생활을 개선하고 생태계를 보전하는 전략을 결합해야 한다.

여러 보고서는 그러한 전략의 기초를 생태농업이 제공할 수 있다고 주장한다. 왜냐하면 생태농업이 과학과 실천 모두에 강하게 뿌리를 둔 다양하고 회복력 있는 생산적인 영농체계를 설계하기 위한 기초를 제공할 수 있기 때문이다(de Schutter 2011). 수많은 연구로부터 확보한 믿을 만한 자료에 따르면, 생태농업의 체계는 고투입체계에 비해서 단위면적당 총생산량은 더 안정적이며,

경제적으로 유리한 수익률을 가져오고, 노동과 기타 자원에 대한 보수도 소규모 농가와 가족이 수긍할 수 있는 정도로 충분하게 제공한다. 그뿐만 아니라 토양과 물을 보호하고, 생물다양성을 강화한다(Altieri and Nicholls 2012).

오늘날 수많은 성공적인 농업체계 사례는 생태농업으로 향상된 토양과 물, 생물다양성의 관리체계를 바탕으로 하고 있다. 이를 통해 작물과 가축의 다양성이 강화될 뿐만 아니라, 이들의 대부분은 복합적인 전통적 영농체계에 기초하고 있다(Altieri and Toledo 2011). 이러한 농업체계는 수 세기에 걸쳐 현재에 이르기까지 세계의 많은 사람, 특히 개발도상국의 사람들을 먹여 살려왔다. 또한 오늘날의 농촌경관에 영향을 미치는 생산과 자연자원의 보전 같은 여러 문제에 대한 해결책도 여기에서 찾을 수 있다(Koohafkan and Altieri 2010). 전 세계의 소규모 생태농업이 어떻게 먹거리 보장과 식량주권, 농촌지역의 생계, 나아가 국가경제에 실질적으로 기여할 수 있는지를 새로운 연구들이 증명하고 있지만, 이러한 기여는 아직까지 충분히 인정받지 못하고 있다(Uphoff 2002; Altieri, Rosset and Thrupp 1998).

농민농업의 확장과 중요성

대다수의 개발도상국은 농민이 인구의 다수를 차지하고 있으며, 1만 년 이상 전통적 농업을 실행해온 역사를 가진 수백 종족으로 구성된 많은 농민이 존재한다. 세계적으로 약 15억 명의 소규모 농민, 가족농, 선주민이 3억 5,000만 개의 소규모 농장에서 일하고 있다. 또한 4억 1,000만 명은 숲과 사바나에서 채집활동을 하며, 1억 9,000만 명은 목축을 하고, 1억 명이 훨씬 넘는 사람들은 어로활동을 하고 있다. 이들 중 적어도 3억 7,000만 명이 선주민이며, 농장의 수는 약 9,200만 개에 이른다(ETC Group 2009).

세계에서 유통되는 먹거리의 70~80%는 평균 2헥타르의 농지를 경작하는 소규모 생산자들에 의해 생산되는 것으로 추정된다. 1헥타르 미만의 농장은 전체 농장의 72%를 차지하지만, 이들은 전체 농경지의 8%만을 점유하고 있다(Wolfenson 2013). 게다가 오늘날 세계에서 소비되는 먹거리의 대부분은 5,000개의 작물 종domesticated crop species과 농민이 육종peasant-bred한 190만 개의 품종으로 재배되고 있으며, 상당 부분이 관행농업에서 사용되는 농화학 제품이나 다투입 기술에 의존하지 않고 재배되고 있다(ETC Group 2009).

라틴아메리카에서는 농민에 의해 관리되는 소규모 농장(평균

1.8헥타르)이 전체 농장의 80% 이상을 차지하며, 지역 농업 생산액에서는 30~40%를 생산한다. 농민의 농업 생산을 과소평가하는 공식통계를 보더라도, 1,600만 개 이상의 소규모 농장이 자국 내 소비를 위한 농업 생산물의 약 41%를 생산했으며, 수요에서는 옥수수 51%, 콩 77%, 감자 61%의 생산을 담당했다(Ortega 1986).

이 소규모 농장 부문이 먹거리 보장에 기여하는 정도는 지난 25년 전과 동일하게 중요하다. 브라질만 보더라도 480만 명의 농민과 가족농(전체 농민 수의 85%)이 있는데, 이들은 이 나라 전체 농경지의 30%를 점유하고 있다. 이들 소규모 농장은 브라질 옥수수 파종면적의 33%, 콩 파종면적의 61%, 카사바 재배면적의 64%를 차지하며, 전체 콩의 67%, 전체 카사바의 84%를 생산한다(Altieri 2002).

에콰도르에서는 옥수수, 콩류, 보리, 오크라와 같은 식량작물 재배면적의 50% 이상을 농민이 경작하고 있다. 멕시코에서는 옥수수 재배면적의 70%, 콩 재배면적의 60%를 농민이 담당하고 있다(Altieri 1999). 쿠바의 경우, 전체 농지의 3분의 1을 이용하여 전체 먹거리의 거의 3분의 2를 생산한다(Rosset et al. 2011).

아프리카에서는 약 3,300만 소규모 농장이 전체 농장의 80%를 차지하고 있다. 아프리카 농민의 다수(대부분이 여성)는 소규모 생산자이고, 농장의 3분의 2는 2헥타르 이하다. 대부분의 소규모 농가는 저투입농업을 통해 대부분의 곡물과 다수의 뿌리·줄기, 바나나(플랜테인)를 비롯해 지역에서 소비되는 콩과식물의 대부분을 생산한다(Pretty and Hine 2009). 아시아는 중국의 소규모 농장이 아시아 전체에서 거의 절반을 차지하며(1억 9,300만 헥타르), 인도가 23%, 이어서 인도네시아, 방글라데시, 베트남이 뒤를 잇는다. 2억 명이 넘는 쌀 재배농민의 대부분은 아시아에 살고 있으며, 2헥타르 이상을 경작하는 농민은 매우 적다. 중국에서는 7,500만 명의 쌀 생산농가가 1,000년도 더 된 방식과 유사하게 농사를 짓고 있다.

아시아의 소규모 농가가 생산하는 대부분의 쌀은 주로 고지대 생태계 및/또는 빗물을 이용해 재배하는 현지 품종이다. 2헥타르 미만의 경지를 소유하고 있는 농민의 비율은 78%이고, 이들이 소유한 경지는 전체 경지의 33%에 불과하지만, 이 나라 곡물 생산의 41%를 담당한다. 다른 대륙과 마찬가지로 아시아의 소규모 농민이 생산한 다양한 농산물의 농장 총 산출량total farm output도 높은 편이어서, 가족과 지역사회의 식량 확보에도 크게 기여한다(UN-ESCAP 2009).

농생태적 개입의 영향 평가

생태농업에 기반한 프로젝트에 관한 지구적 규모의 최초의 평가가 57개 빈곤국의 농지 3,700만 헥타르(개발도상국 경작지의 3%)에서 행해진 286개의 지속가능한 농업 프로젝트를 대상으로 진행된 적이 있다. 이 연구 결과에 따르면, 그 프로젝트를 통해 1,260만 농장에서 생산성이 향상되었으며, 농작물 수확량은 평균 79% 증가했다(Pretty, Morrison and Hine 2003). 442만 농민이 빗물을 이용해 농사를 짓는 척박한 조건의 경작지 358만 헥타르를 대상으로 분석한 결과, 지속가능한 농업의 실천을 통해 단위면적당 곡물 생산이 50~100% 증가한 것으로 나타났다(가구당 연간 약 1.71톤으로 73% 증가).

감자, 고구마, 카사바 등 뿌리작물이 주식인 곳에서 진행된 14개의 프로젝트에서는 54만 2,000헥타르를 경작하는 14만 6,000개의 농장에서 연간 식량 생산량이 17톤(150%) 증가했다. 이러한 수확량 향상은 주류의 농업제도에서 소외된 농가들이 식량을 확보하는 중요한 돌파구다(Pretty et al. 2003).

보다 최근에 진행된 대규모 연구에서도 동일한 결론이 나왔다. 2000년대에 지속가능한 농업개발이 집중적으로 이루어진 아프리카의 20개 국가에서 행해진 40개의 프로젝트에 대한 평가가 '영국 정부의 글로벌 먹거리와 농업 전망Foresight Global Food and Farming Futures project of the U.K. government'(2011)의 연구로 이루어졌다. 이 프로젝트에는 작물의 품종 개량(특히 지금까지 방치했던 주요 작물에 대한 참가형 작물 육종을 통한 개량), 통합적 해충 관리, 토양 보전, 혼농임업 등이 포함되었다. 이 프로젝트는 2010년 초까지 103만 9,000명의 농민과 그 가족에게 혜택을 주었고, 대략 127만 5,000헥타르에서 개선이 이루어졌다. 작물 수확량은 3년에서 10년 사이에 평균 2배 이상(2.13배) 증가했고, 총생산량은 연간 579만 톤이 증가했는데, 이는 가구당 557킬로그램에 해당한다.

아프리카

아프리카에서도 생태농업이 생산, 소득, 먹거리 보장, 기후변화에 대한 회복력 등을 높이고, 지역사회에 활력을 불어넣는 데 매우 효과적이라는 것을 보여주는 증거가 계속해서 나오고 있다(Action Aid 2011). 크리스천 에이드에 의하면, 지속가능한 농업 프로젝트의 95%에서 곡물 수확량의 50~100%가 향상되었다(Christian Aid 2011). 농장의 식량 총생산량은 조사 대상인 모든 농장에서 증가한 것으로 확인되었다. 자연적·사회적·인적 자본에 대한 긍정적인 영향도 더해지면서, 지속가능한 자원적 기반을 마련하는 데에도 도움이 되었다.

위의 연구에서 보고된 먹거리 생산량의 증가는 주로 기존에 재배되는 주곡이나 채소에 추가로 새로운 작물, 가축, 물고기를 포함하는 다양화 계획에 따른 결과다. 이러한 새로운 체계의 사업이나 구성요소에는 물고기 양식도 포함되었다. 그 예로 조그마한 땅을 활용한 상자텃밭raised bed과 채소 재배, 예전에 황폐화되었던 땅의 복원, 가축의 먹이로 쓰이는 (우유의 생산성을 높이는) 사료용 풀과 관목, 닭과 방목하지 않는 양과 염소의 사육, 옥수수 또는 수수와 함께 윤작되는 새로운 곡물, 1모작이 아닌 2모작이 가능한 단기 숙성 품종(예: 고구마와 카사바) 등을 들 수 있다 (Pretty, Toulmin and Williams 2011).

유엔환경계획-유엔무역개발회의가 아프리카 114개 국의 사례를 평가한 또 다른 메타분석에 따르면(UNEP-UNCTAD 2008), 유기농 방식으로 전환한 농장에서는 농업 생산성이 116% 증가했다. 케냐에서는 옥수수 수확량은 71%, 콩은 158% 증가했다. 더욱이 농민들이 이용할 수 있는 식용작물의 종류가 다양해져서 식단도 풍부해졌고, 영양상태도 향상되었다. 또한 유기농 방식으로 전환한 후 시간이 경과하면서 농장의 자연자본(토양 비옥도, 농생물다양성 수준 등)은 증가했다.

가장 성공적인 다각화 전략 중 하나는 나무에 기반해서 농업을 촉진하는 것이었다. 성장이 빠르면서 질소를 고정하는 관목 (예: 칼리안드라속Calliandra 및 테프로시아속Tephrosia)과 옥수수를 혼작하는 혼농임업은 카메룬, 말라위, 탄자니아, 모잠비크, 잠비아 및 니제르의 수만 명의 농민들에게 전파되었고, 그 결과 단작에서는 헥타르당 5톤이었던 옥수수 생산량은 8톤으로 늘어났다(Garrity 2010). 2009년 중반까지 말라위 지자체의 40%에서 12만 명이 넘는 말라위 농민이 국가가 진행한 혼농임업 교육 프로그램과 묘목을 제공받았다. 그 혜택은 130만 명의 가장 가난한 사람에게 돌아갔다. 연구에 따르면, 시장에서 질소 비료를 구입할 여유가 없었던 농민들의 옥수수 수확량은 헥타르당 1톤에 불과했으나 혼농임업체계로 인해 헥타르당 2~3톤을 수확할 수 있게 되었다.

아프리카의 또 다른 혼농임업체계는 페이드허비아속*Faidherbia* 나무를 재배해 작물의 수확량을 증가시키고, 건조한 바람으로부터 작물을 보호하며, 물에 의한 침식으로부터 땅을 보호한다. 니제르의 진더Zinder 지역에는 페이드허비아속 나무가 지배적인 농생태계가 약 480만 헥타르에 펼쳐져 있다. 나무의 잎과 꼬투리는 사하라 주변 지역의 긴 건기 동안 소와 염소에게 매우 중요한 사료가 된다. 니제르의 경험에 자극을 받아 말라위와 탄자니아 남부 고지대에 있는 약 50만 농가가 옥수수밭에 페이드허비아속 나무를 재배하고 있다(Reij and Smaling 2008).

남부 아프리카의 환경보전형 농업conservation agriculture은 부분적이지만 중요한 농생태적 혁신인데, 이는 세 가지의 농생태적 실천—최소한의 토양교란, 영구적인 토양피복, 윤작—을 기반으로 하고 있다. 이러한 체계는 마다가스카르, 짐바브웨, 탄자니아 및 기타 국가에서 5만 명 이상의 농민에게 확산되었으며, 이들의 옥수수 수확량은 기존보다 헥타르당 3~4톤까지 크게 증가했다. 옥수수 수확량의 향상으로 가구 수준에서 이용가능한 식량은 크게 늘어났고, 소득수준도 높아졌다(Owenya et al. 2011).

사하라 이남 아프리카에서는 80%의 소규모 농가가 2헥타르 미만의 토지를 소유하고 있는데, 좁은 경작면적에서 비옥도를 유지하기 위해 휴경을 하면 식량의 확보가 어려워진다. 이러한 경우에는 콩과의 녹비/피복작물 등을 도입하는 것이 핵심전략이 된다. 피복작물은 2헥타르의 토지에서 100톤 이상의 바이오매스(건조 전 중량)를 생산할 수 있으므로 경지의 비옥도를 유지하고 토양을 점차 회복시킨다. 더욱 중요한 것은 대부분의 녹비/피복작물은 일반적으로 자가 소비하거나 지역 시장에서 판매할 수 있는 고단백의 식재료라는 것이다(Reij, Scoones and Toulmin 1996).

사하라 이남 아프리카는 농경지의 40%가 반건조 또는 건기와 우기가 번갈아 나타나는 사바나지대이기 때문에 물 부족 현상이 더욱 심해지고 있다. 말리와 부르키나파소에서는 자이zai 라고 알려진 오래된 물 관리water harvesting체계가 부활하고 있다. 자이는 유기물이 채워져 있는 일반적으로 깊이 10~15센티미터

인 구덩이다(Zougmore, Mando 및 Stroosnijder 2004). 구덩이에 분뇨를 채우면 재배환경은 향상되고, 동시에 토양을 개선하는 흰개미를 유인하게 된다. 흰개미는 수로를 파서 토양구조를 개선하기 때문에 더 많은 물이 토양에 침투하여 머무르게 된다. 대부분의 경우 농민들은 자이에서 기장이나 수수 또는 둘 다를 재배한다.

때때로 농민들은 자이에 곡물과 함께 나무를 심기도 한다. 농민들은 수확기에 풀을 뜯어 먹는 가축으로부터 어린 나무를 보호하기 위해 50~75센티미터 높이로 줄기를 잘라낸다. 농민들은 헥타르당 9,000~18,000개의 구덩이를 사용하며, 헥타르당 5.6~11톤의 퇴비를 사용한다(Critchley, Reij and Willcocks 2004). 부르키나파소 야텡가Yatenga 지역의 농민 수천 명은 지역에서 개발된 기술을 사용하여 수백 헥타르의 황폐화된 토지를 몇 년에 걸쳐 개간했는데, 이들은 구덩이에 빗물을 효율적으로 모아서 소량의 거름과 퇴비로 사용했다. 구덩이를 활용한 밭의 수확량(헥타르당 870~1,590kg)은 그러지 않은 밭의 수확량(헥타르당 500~800kg)보다 항상 많다(Reij 1991).

동아프리카에는 '푸쉬-풀push-pull'로 알려진 농생태학 기반 해충 관리전략이 널리 보급되어 있다. 이 전략은 줄기 천공충과 같은 해충을 쫓아내는[push] 퇴치식물(데스모디움속Desmodium)을 옥수수와 간작한다. 네이피어napier 풀은 줄기 천공충을 끌어들여

[pull] 옥수수가 아닌 잔디에 알을 낳게 만드는 유인작물로 작용한다. 또한 네이피어 풀은 갓 부화한 줄기 천공충을 잡아두는 끈적끈적한 물질을 생성하므로 극소수의 천공충만이 성체로 자란다. 이 체계는 해충을 억제할 뿐만 아니라, 해충 퇴치식물은 가축의 사료로도 사용될 수 있다. 푸쉬-풀 전략은 옥수수 수확량과 우유 생산량을 두 배로 늘리면서 토양을 개선하고, 기생잡초인 스트리가striga를 억제한다. 이 체계는 이미 동아프리카의 1만 가구 이상에서 활용하고 있다(Khan et al. 1998).

아시아

아시아 8개 국에서 진행된 16개 생태농업 프로젝트를 평가한 프레티와 하인은 약 286만 농가가 경작하는 농지 493만 헥타르에서 식량 생산이 크게 증가해 가구의 식량 확보 능력도 크게 향상된 것을 발견했다(Pretty and Hine 2009). 수확량의 증가는 빗물을 활용한 영농체계에서 가장 크게 나타났으며, 관개시설을 설치했다고 해서 수확량이 크게 증가하지 않았지만, 생산체계에 구성요소를 추가(예를 들면 논에는 물고기, 제방에는 채소)하면서 총생산은 증가했다.

쌀 집약화체계system of rice intensification(이하 SRI)는 식물, 토양, 물 및 영양분의 관리에 변화를 주어 관개시설의 쌀 생산성을 높이는 농생태학적 방식이다(Stoop, Uphoff and Kassam 2002). 이 방법은 중국, 인도네시아, 캄보디아, 베트남의 100만 헥타르 이상에서 시행되고 있으며, 평균 수확량은 20~30% 증가했다. 40개 국 이상에서 입증된 SRI의 이점으로는 수확량의 50% 이상 증가, 종자 최대 90% 절약, 물 최대 50% 절약 등을 들 수 있다. SRI는 초기에는 농민에게 더 많은 지식과 기술, 단위면적당 더 많은 노동력을 요구하지만, 강도 높은 노동은 농민들이 더 높은 수익을 얻는 것으로 상쇄된다. SRI의 원리와 실천은 빗물에 의존하는 벼농사뿐만 아니라 밀, 사탕수수, 테프teff 같은 다른 작물에도 적용되어 수확량 증가를 비롯한 경제적 이익을 가져온다(Uphoff 2003).

배크먼, 크루사다와 라이트는 농민, 농민조직, 과학자 및 비정부조직의 네트워크인 MASIPAG*의 작업을 검토했는데, 이 작업은 아마도 아시아에서 지속가능한 농업에 대한 가장 큰 연구라고 할 수 있다(Bachmann, Cruzada and Wright 2009). 필리핀의 유기농민 280명, 유기농 전환기 농민 280명, 관행농민 280명을 비교한 결과, 유기농민의 식량 확보의 정도가 상당히 높다는 것을 발견했다. 〈표 3-1〉에 요약된 연구 결과는 특히 농촌지역의 가장 가난한 사람들에게 긍정적이었던 결과를 보여준다. 유기농민들

---

* Magsasaka at Siyentipiko para sa Pag-unlad ng Agrikultura(Farmer-Scientist Partnership for Development).

〈표 3-1〉 농민 주도의 지속가능한 농업

먹거리의 안정적 확보
• 유기농가의 88%는 2000년과 비교해 먹거리 사정이 좋아졌거나 매우 좋아진 것으로 응답(관행농가는 44%에 불과).   • 관행농가의 18%는 악화되었다고 응답(유기농가의 2%만이 악화되었다고 응답).
더욱 다양해진 식사
• 유기농가는 2000년에 비해 채소, 과일, 단백질이 풍부한 식사, 육류를 더 섭취하는 비율이 각각 68%, 56%, 55%, 40% 증가.   • 이는 관행농가에 비해 2~3.7배의 증가율임.
더욱 다양한 작물 생산
• 유기농가는 평균적으로 관행농가보다 50% 더 많은 작물 종을 재배.
건강
• 유기농가의 85%가 자신의 건강상태가 2000년에 비해 더 좋거나 훨씬 좋다고 응답.   • 관행농가의 긍정적 답변은 32%에 불과, 변화 없음 56%, 악화는 13%.

주: 농민이 주도하는 지속가능한 농업을 실천하는 농가에 관한 MASIPAG의 주요 내용
자료: Bachmann, Cruzada and Wright 2009

은 보다 다양하고 영양가 있으며 안전한 식단을 통해 훨씬 더 나은 건강상태를 보여주고 있다. 연구에 따르면, 유기농민은 농장 내 다양성이 훨씬 더 높으며, 관행농민보다 작물 종을 평균 50% 이상 더 많이 재배하고, 더 나은 토양비옥도, 적은 토양 침식, 해충과 질병에 대한 작물의 내성 증가, 농장 관리 개선 등을 실현했다. 또한 이 그룹은 평균적으로 더 높은 순이익을 기록하고 있다.

제로예산자연농업Zero Budget Natural Farming(이하 ZBNF)은 인도

카르나타카Karnataka 주에서 시작된 농민의 풀뿌리 생태농업운동으로, 인도 남부의 타밀나두Tamil Nadu, 안드라프라데시Andhra Pradesh, 케랄라Kerala 주에 대규모(10만 명 이상의 농민)로 퍼지고 있다. ZBNF가 추진하는 주요 생태농업의 실천에는 효과적인 작물 배치, 물 보전을 위한 등고선에 따른 경작과 제방, 집약적인 바닥덮기, 분해 및 영양분 재활용을 향상시키기 위한 미생물 배양, 지역종자 사용, 작물과 나무 및 가축의 통합(주로 소), 광범위한 간작과 윤작 등이 포함된다.

시간이 지남에 따라 ZBNF를 실천한 농민들은 많은 점에서 개선을 경험했다. 농민의 78.7%가 수확량의 개선, 93.6%가 토양 보전, 76.9%가 종자 다양성, 91.1%가 농산물 품질 개선, 92.7%가 종자 자주성, 87.8%가 가정 내에서 먹거리 자주성, 85.7%가 소득의 개선을 경험한 것으로 최근 조사되었다. 이와 함께 90.9%의 농가가 농장에 들어가는 비용 감소를, 92.5%가 차입의 필요성 감소를 경험한 것으로 조사되었다. 이러한 분석을 통해 드러난 분명한 결과는 ZBNF가 농학적 측면에서뿐만 아니라 다양한 사회적·경제적 측면에서 이익을 가져온다는 점이다(Khadse et al. 2017).

라틴아메리카

1980년대 초반부터 라틴아메리카에서는 소규모 농가들이 특히 초기에 비정부조직 및 기타 조직과 공동으로 자원을 보전하면서도 생산성이 높은 체계를 특징으로 하는 대안적인 생태농업을 장려하고 실천해왔다(Altier and Masera 1993). 1990년대에 12만 헥타르를 경작하는 10만여 농가가 참여한 생태농업 현장 프로젝트를 분석한 결과에 따르면, 농장의 농생태적 구조가 개선되고 노동과 지역자원을 효율적으로 사용할 때 전통적으로 재배해온 작물과 가축의 결합이 이루어져 생산성이 높아졌다는 것이다(Altieri 1999). 실제로 농생태적 기술이 적용되었을 때 척박한 농지의 헥타르당 수확량은 400~600킬로그램에서 2,000~2,500킬로그램으로 증가했고, 전반적인 농생물다양성이나 이와 관련된 식량 확보 및 환경적 통합에 긍정적 영향이 나타났다. 녹비와 다른 유기물 관리기술을 중시할 때 옥수수의 수확량이 헥타르당 1~1.5톤(전형적인 고지대 농민의 수확량)에서 헥타르당 3~4톤으로 증가하기도 했다(Altieri and Nicholls 2008).

국제농업개발기금International Fund for Agricultural Development[*]이

---

[*] 개발도상국의 농업개발 및 식량 생산 증대 촉진, 이를 위한 융자 및 보조금 지원을 위한 국제연합의 전문 기관으로, 1977년에 설립된 국제 금융기관이다.

12개의 농민조직─1만 헥타르에 가까운 면적을 경작하는 약 5,150명의 농민으로 구성─을 조사한 연구에 따르면, 유기농 생산으로 전환한 소규모 농민은 모든 사례에서 순이익이 증가했다(IFAD 2004). 이들 농민 중 다수는 커피와 카카오를 매우 복합적이면서 생물다양성이 풍부한 혼농임업체계로 생산한다. 라틴아메리카에서는 '농민에서 농민으로peasant to peasant/campesino a campesino(이하 CAC)'운동 이외에도 농민조직과 비정부조직 등은 전통적 또는 지역품종variedades criollas을 보호하는 농생태적 노력을 활발하게 진행하고 있다. 특히 멕시코와 과테말라, 니카라과, 페루, 볼리비아, 에콰도르, 브라질에서는 지역사회의 종자은행과 수백 개의 종자시장에서의 교환을 통해 유전적 다양성을 보전하는 노력을 현장에서 하고 있다. 예를 들어, 니카라과에서는 1만 4,000헥타르의 농지에서 3만 5,000 이상의 농가가 참여하는 '정체성으로서의 종자Semillas de Identidad'프로젝트를 통해 이미 129종의 토종 옥수수와 144종의 콩류를 복원해 보전하고 있다(Altieri and Toledo 2011).

중앙아메리카의 CAC운동

현대의 생태농업에서 농민이 주도하는 기술의 공유 및 보급 과정은 과테말라의 고지대에서 최초로 시작되었다. 이곳의 선주민인 카치켈Kaqchikel 농민들은 CAC라고 불리는 수평적 학습 방법론을 개발했다. 카치켈 농민들은 멕시코의 틀락스칼라Tlaxcala주의 빈센트게레로Vicente Guerrero에 있는 '토양과 물 보전 학교'에서 만난 멕시코인들에게 자신들의 혁신을 설득하기보다는 그들은 새로운 아이디어가 얼마나 잘 작동하는지 먼저 소규모로 실험할 것을 제안했다.

멕시코 농민들은 이 혁신이 성공적임을 확인한 후에 자신들의 새로운 지식을 다른 농민들과 공유했다. 이러한 교류가 확대되면서 CAC의 생태농업운동은 남부 멕시코를 비롯해 수십 년간 전쟁으로 피폐해진 중앙아메리카에서 성장했다. 니카라과의 산디니스타 정권기에 전국농목축민연합Union Nacional de Agricultores y Ganaderos, UNAG을 통해 CAC 실천이 도입되었다. 1995년까지 약 300명의 생태농업 실천가들이 약 3,000가구에 영향을 주었다. 2000년에는 약 1,500명의 실천가들이 니카라과 농가의 약 3분의 1과 협력했다(Holt-Giménez 2006). 오늘날 니카라과, 온두라스, 과테말라의 약 1만 농가가 CAC 방식을 실천하고 있는 것으로 추산된다.

CAC 방식을 통해 토양 보전을 실천한 온두라스의 산비탈 농민들은 다양한 기술을 채택해 수확량을 헥타르당 400킬로그램에서 헥타르당 1,200~1,600킬로그램으로 3~4배 늘렸다. 단위면적당 곡물 생산량이 3배 증가했고, 프로그램에 참여한 1,200농가는 매년 충분한 곡물을 확보할 수 있게 되었다. 헥타르당 최대 150킬로그램의 질소를 고정하고 35톤의 유기물을 생산할 수 있는 벨벳콩*Mucuna pruriens*을 녹비로 이용함으로써 옥수수 수확량은 헥타르당 2,500킬로그램으로 3배 증가했다. 반면, 제초에 필요한 노동력은 75% 감소했고, 제초제는 전혀 사용하지 않게 되었다(Bunch 1990). 잘 확립된 CAC 네트워크를 활용해 간단한 기술(벨벳콩에 의한 피복 등)의 확산이 빠르게 이루어졌다. 1년이라는 짧은 기간에 1,000명 이상의 농민이 니카라과 산후안San Juan 유역의 황폐한 농지를 복구했다(Holt-Giménez 2006). 이들 프로젝트에 대한 경제적 분석에 따르면, 피복작물을 이용한 농민들은 화학비료 사용을 줄이면서(헥타르당 1,900kg에서 400kg으로), 수확량은 헥타르당 700킬로그램에서 2,000킬로그램으로 늘어났으며, 생산비용은 화학비료를 사용하는 단작 농민보다 약 22%를 낮췄다(Buckles, Triomphe and Sain 1998).

쿠바

1990년대에 쿠바의 과학자, 농민, 보급활동가 등으로 구성된 비정부조직인 쿠바유기농업연합Asociacion Cubana de Agricultura Organica은 아바나 지방의 협동조합들이 "생태농업의 등대 agroecological lighthouses"라고 불리는 세 개의 통합적 농업조직을 설립하는 데 도움을 주었다. 정도의 차이는 있지만, 세 개의 시범적인 협동조합은 설립 6개월 후에는 모두 농생태적 혁신(예: 수목의 통합, 계획적인 작물 윤작, 복합 재배, 녹비 등)을 통합했고, 시간이 지남에 따라 생산성 및 생물다양성 향상과 함께 토양의 질 개선이 이루어졌다. 협동조합에서 카사바-콩-옥수수, 카사바-토마토-옥수수 및 고구마-옥수수와 같은 몇 가지 작물의 혼작을 시도했고, 이들 혼작의 생산성은 단작에 비해 각각 2.82배, 2.17배, 1.45배 더 높은 것으로 평가되었다(SANE 1998).

쿠바목초지연구소Cuban Instituto de Investigacion de Pastos가 75%의 목초지와 25%의 경작지로 구성한 생태농업 모듈을 통해 농작물과 가축의 농생태학적 통합을 분석한 결과에 따르면, 시간이 지나면서 생물학적 구조가 농생태계의 생산성에 도움을 주기 시작했고, 총생산량은 증가하고 에너지 및 노동 투입량이 감소하는 것으로 나타났다. 3년이 지나 농생태적 통합이 이루어지면서 총 바이오매스 생산량은 헥타르당 4.4톤에서 헥타르당 5.1톤으로 증가했다. 에너지 투입량이 감소해 에너지 효율도 향상되었다(표 3-2).

관리에 필요한 노동력 수요도 시간이 지남에 따라 하루 13시간에서 4~5시간으로 감소했다. 이 사실은 생태농업이 항상 노동집약적이어서 풍부한 노동력이 있을 때에만 가능하다는 일반적인 고정관념에 비춰볼 때 중요하다. 생태농업도 노동을 절약할 수 있으며, 특히 푸네스-몬소테가 주장한 것처럼 제초작업과 같

〈표 3-2〉 작물과 가축통합의 생산성과 효율성(쿠바)

생산성 지표	1년째	3년째
면적(ha)	1	1
총생산량(t/ha)	4.4	5.1
생산된 에너지(Mcal/ha)	3,797	4,885
생산된 단백질(kg/ha)	168	171
ha당 부양인구 수	4	4.8
투입	에너지 지출	Mcal
노동력	569	359
축력	16.8	18.8
트랙터	277.3	138.6

주: 쿠바에서 75%의 목초지와 25%의 경작지로 통합된 모듈에 따른 전환 후와 3년 후
의 결과
자료: SANE 1998

은 노동을 줄이는 것도 가능하다(Funes-Monzote 2008). 이러한 모
델은 현장연수와 농민 간의 교차 방문을 통해 쿠바 섬의 다른 지
역에서 광범위하게 추진되었다(SANE 1998).

이어진 푸네스-몬소테 등의 연구는 소규모 농가에서 활용하
는 농생태적으로 통합된 작물-축산 영농체계가 단위면적당 우
유 생산량(연간 헥타르당 3.6톤)을 3배 증가시키고, 에너지 효율성
을 7배 증가시킨다는 것을 밝혔다(Funes-Monzote et al. 2009). 특
화되었던 축산농장을 다각화하는 전략을 통해 에너지 생산량
(연간 헥타르당 21.3GJ)은 3배, 단백질 생산량은 2배(연간 헥타르당

<표 3-3> 두 가지 소규모 농장의 조사 결과(쿠바)

	마탄자스의 카요 피드라Cayo Piedra, Matanzas	산티 스피리투스의 델 메디오Del Medio, Sancit Spiritus
면적(ha)	40	10
에너지(GJ/ha, 연간)	90	50.6
단백질(kg/ha, 연간)	318	434
부양인구(인/ha, 연간, 칼로리 기준)	21	11
부양인구(인/ha, 연간, 단백질 기준)	12.5	17
에너지 효율성(산출/투입)	11.2	30
토지등가비율(LER)*	1.67	1.37

주: 카요 피드라 농장은 일반적으로 10~15종의 다양한 작물(옥수수, 콩, 사탕무, 양배추, 감자,
고구마, 토란, 당근, 카사바, 호박, 후추)을 윤작하고, 바나나와 코코넛 등 여러해살이 작물
도 재배. 델 메디오 농장은 100종 이상의 농작물, 가축, 수목 및 기타 야생종을 영속
농업으로 관리하는 고도로 다각화된 농장임.
자료: Funes-Monzote, Monzote, Lantinga et al. 2009

141.5kg) 증가했다(표 3-3).

전국 농민조직이자 비아 캄페시나 회원조직인 쿠바전국농민연
합Asociación Nacional de Agricultores Pequeños이 CAC의 방식을 채택한
이후, 다양한 형태의 생태농업이 쿠바 농가의 3분의 1에서 절반으
로 확대되었다(Rosset et al. 2011). 한 연구에 따르면 쿠바에서는 생
태농업이 농민 농장의 46~72%(실천의 구성에 따라)에서 이루어지
고 있으며, 이는 국내 먹거리 생산의 70% 이상(예: 근채류와 감자는

* LER에 관해서는 이 장의 '다양화된 영농체계의 성과 측정'을 참고할 것.

67%, 소동물은 94%, 쌀은 73%, 과일과 꿀, 콩류, 코코아, 옥수수, 담배, 우유 및 육류는 80%)을 담당한다(Funes Aguilar et al. 2002; Machín Sosa et al. 2013 참고; Rosset et al. 2011, Funes Aguilar and Vázquez Moreno 2016). 농생태적 방식으로 농사짓는 소규모 농민들은 10배 이상의 에너지 효율을 달성하면서, 헥타르당 15~20명을 부양할 수 있을 만큼의 충분한 수확량을 매년 얻는다(Funes-Monzote 2008).

안데스 지역

몇몇 연구자와 비정부조직은 현재의 고지대 농업 문제를 해결하기 위해 콜럼버스 이전의 안데스 지역의 기술에 관해 연구하고 있다. 흥미로운 사례는 약 3,000년 전 페루 안데스 산맥의 고지대에서 발달한 독창적인 성토 경작지raised fields체계의 부활이다. 고고학적 증거에 따르면, 물로 채워진 도랑으로 둘러싸인 와루와루waru waru 성토 경작지는 홍수와 가뭄뿐만 아니라 4,000미터 높이의 고지대에서 흔히 발생하는 강한 서리에도 불구하고 풍작을 이룰 수 있었다(Erickson and Chandler 1989).

1984년에 몇몇 비정부조직과 국가기관은 고대의 체계를 재구성하기 위해 지역농민을 지원했다. 흙을 쌓아올린 성토 경작지와 도랑의 조합으로 온도조절 효과가 탁월하게 나타났고, 그로 인해 성장기간이 늘어나자 화학비료를 준 일반 팜파 토양에 비해 와루와루의 생산성이 높았다. 우아타Huatta 지역의 재건된 성토 경작지에서는 연간 헥타르당 8~14톤의 감자를 지속적으로 수확하는 뛰어난 결과를 보였다. 이 수치는 푸노Puno의 평균 감자 수확량이 연간 헥타르당 1~4톤인 것과는 좋은 대조를 이룬다. 캄하타Camjata 지역에서 감자 수확량은 연간 헥타르당 13톤, 퀴노아 수확량은 연간 헥타르당 2톤으로, 와루와루 성토 경작지에서 기꺼이 받아들일 수 있는 수준에 도달했다.

페루의 다른 곳에서는 지방정부기관과 협력해 여러 비정부조직이 버려진 고대 계단식 경작지를 복원하는 프로그램에 참여했다. 예를 들어, 1983년 카하마르카Cajamarca에서는 카하마르카 농업개발대학과 연구교육개발센터Equipo de Desarrollo Agropecuario de Cajamarca-Centro de Investigacion Desarrollo, EDAC-CIED가 농민공동체와 함께 포괄적인 토양 보전 프로젝트를 시작했다. 10년에 걸쳐 55만 그루 이상의 나무를 심었고, 약 850헥타르의 계단식 경작지와 173헥타르의 배수 및 침투 수로를 재건했다. 최종적으로는 약 1,124헥타르의 계단식 경작지를 복원해 1,247가구가 혜택을 받았다. 감자 수확량은 헥타르당 5톤에서 8톤으로 늘어났고, 오카oca 수확량은 헥타르당 3톤에서 8톤으로 늘어났다. 작물 생산, 소의 비육과 알파카 사육을 통한 울 생산 등을 통해 농가소득은 1983년 평균 108달러에서 1990년대 중반에는 500달러 이상으로 증가했다(Sanchez 1994a).

페루 남부의 콜카Colca 계곡에서는 지방정부가 농민공동체에

〈표 3-4〉 새로운 계단식 경작지와 경사 경작지의 수확량(페루)

작물[a]	계단식 경작지[b] (kg/ha)	경사 경작지[c] (kg/ha)	증가율(%)	조사 농지 수
감자	17,206	12,206	43	71
옥수수	2,982	1,807	65	18
보리	1,910	1,333	43	56
보리(사료용)	25,825	23,000	45	159

주: 새로운 계단식 경작지의 첫년도의 수확량을 경사 경작지의 수확량과 비교(kg/ha)
　　a) 모든 작물에는 화학비료를 시비
　　b) 내부 경사가 있는 흙벽으로 만들어 물을 흡수
　　c) 계단식 경작지에 인접한 경사도 20~50%의 경사지
자료: Treacey 1989

낮은 금리의 융자와 종자 및 기타 자원을 제공하는 프로그램을 통해 30헥타르의 계단식 경작지를 재건했다. 새로운 계단식 경작지에서 재배한 감자, 옥수수, 보리의 첫 해 수확량은 경사진 들판에서 재배된 작물에 비해 43~65% 많았다(표 3-4). 계단식 경작지에서 윤작 또는 관련 작물로 토종 콩과식물 타르위tarwi/ *Lupinus mutabilis*가 재배되었다. 함께 키우는 작물이 이용할 수 있는 질소를 고정해주기 때문에 비료 사용은 줄고 생산량은 늘어났다(Tracey 1989). 비정부조직은 또한 4,000미터 이상의 고지대에서 이루어지는 전통적인 농업체계를 평가했는데, 페루에서 마카maca/*Lepidium meyenii*는 특히 5~8년 동안 밭을 휴경시킨 후 재배할 때 농민에게 안정적인 수확량을 제공할 수 있는 유일한 작물

이다(SANE 1998).

칠레

1980년부터 칠레의 비정부조직인 교육기술센터Centre for Education and Technology, CET는 농민들이 소규모 토지의 생산력을 재건함으로써 연중 식량을 자급할 수 있도록 도와주는 농촌개발 프로그램에 참여해왔다(Altieri 1995). 이 프로그램은 0.5헥타르의 모델 농장을 여러 개 설정했는데, 모델 농장은 공간적·시간적 순환을 고려해 사료작물, 골뿌림작물, 채소, 수목 및 과수, 가축 등으로 구성한다. 구성요소는 후속 윤작 단계에 대한 작물 또는 가축의 영양적 기여, 지역 기후조건에 대한 적응, 지역농민의 자가소비 패턴, 그리고 마지막으로 시장 판매를 감안해 결정한다.

대부분의 채소는 정원 구역 내에서 퇴비가 농후한 상자텃밭에서 재배되며, 각 텃밭에서는 매달 최대 83킬로그램의 신선한 채소를 생산할 수 있다. 이 생산량은 농가 주변의 정원에서 얻을 수 있는 20~30킬로그램에 비해 상당한 수확량이다. 집을 둘러싼 200제곱미터의 나머지 공간은 과수원과 동물을 키우는 곳(소, 암탉, 토끼, 벌집)으로 사용된다. 채소, 곡물, 콩과식물 및 사료작물이 6년의 순환체계로 생산되고, 윤작의 토양복원 특성을 활용해 6개의 구획에서 되도록 다양한 기본 작물이 재배되도

〈그림 3-1〉 칠레의 통합적인 농장(0.5ha)의 사례(6년 윤작)

1. 과수
2. 관개
3. 포도 지지대
4. 딸기류 격자지지대
5. 채소

6. 주택
7. 닭, 목재 적치장
8. 우물
9. 화덕

11. 돼지
12. 퇴비 적치장
13. 수목
14. 꿀벌집

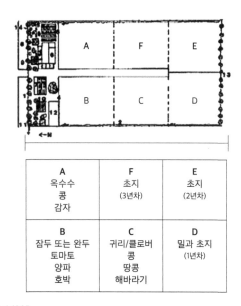

A 옥수수 콩 감자	F 초지 (3년차)	E 초지 (2년차)
B 잠두 또는 완두 토마토 양파 호박	C 귀리/클로버 콩 땅콩 해바라기	D 밀과 초지 (1년차)

자료: Altieri 1995

록 설계되어 있다(그림 3-1). 토지를 6개의 순환 구획으로 나누어 0.5헥타르(13종의 다른 작물로부터 유용한 바이오매스를 연간 6톤 정도 얻는다)에서 상대적으로 일정한 생산이 달성된다. 울타리용으로 심어진 과수에서는 1톤 이상의 과일을 얻는다. 우유와 달걀 생산

〈표 3-5〉 칠레의 통합적인 농민 농장의 생산성

생산성		자가소비 후 시장에 팔수 있는 잉여분의 영양소	
윤작	3.16t		
자가텃밭	1.12t	단백질	310%
과일	0.83t	칼로리	120%
우유	3,200ℓ	비타민A	150%
육류	73kg	비타민C	630%
달걀	2,531u	칼슘	400%
꿀	57kg	인	140%

주: 농생태적 농원 관리 도입 3년 후의 통합적인 농민 농장(0.5ha)의 생산성

량은 관행농장의 생산량을 훨씬 초과한다.

이 모델 농장을 영양학적으로 분석한 바에 따르면, 일반적인 5인 가족이 자급하더라도 농장에서는 단백질이 250%, 비타민A와 비타민C가 각각 80%와 550%, 칼슘 330% 등의 잉여분을 생산하는 것으로 나타났다. 가계경제 분석에 따르면, 일주일에 몇 시간만 투자하게 되면 농장에서 생산한 잉여생산물을 판매해서 미화 790달러 이상의 필요한 품목을 구입하고도 수입이 남는 것으로 나타났다. 확보된 시간은 농민들이 농장 내 또는 농장 외 소득 창출 활동에 사용한다(표 3-5).

브라질

브라질 남부 산타카타리나Santa Catarina 주의 정부기관인 농업연

구기술확산공사Empresa de Pesquisa Agropecuaria e Difusao de Technologia(이하 EPAGRI)는 소규모 유역micro-watershed 수준에서 토양과 물 보전 등에 초점을 두고, 기술적으로 등고선에 맞춘 풀 장벽, 등고선 경작 및 녹비를 사용하는 프로젝트를 농민들과 함께 추진하고 있다. 그들은 벨벳콩, 잭빈, 랩랩lablab, 동부콩, 털갈퀴덩굴, 크로탈라리아crotalaria 같은 콩과식물과 호밀, 귀리, 순무 같은 비콩과식물을 포함해 약 60종의 피복작물을 농민들과 검토했다. 피복작물은 간작하거나 휴경기에 심었고, 옥수수, 양파, 카사바, 밀, 포도, 토마토, 콩, 담배 및 과수 등과 함께 경작했다(Derpsch and Calegari 1992).

이 프로젝트로 농장에 나타난 주요 영향은 작물 수확량, 토양 품질, 수분 유지 및 노동 수요 등이었다. 잡초 제거와 쟁기 작업에 필요한 노동시간이 줄어들면서 소규모 농민들은 상당한 노동력을 절감하게 할 수 있었다. 이 연구를 통해 토양의 침식을 막기 위해서는 토양피복을 유지하는 것이 계단식 경작지나 보전용 장벽을 만드는 것보다 중요하다는 것이 명확해졌다. EPAGRI는 1991년부터 60개 소규모 유역의 농민 약 3만 8,000명에게 4,300톤의 녹비 종자를 공급했다(Guijt 1998). 콩과식물과 풀짚grasses mulch을 포함한 피복작물을 혼합물로 사용하면서 바이오매스는 헥타르당 8,000킬로그램에 달했고, 피복작물의 두께가 10센티미터가 되어 잡초 발생을 75% 이상 억제할 수 있었다.

그 결과, 제초제나 화학비료를 사용하지 않고도 옥수수 수확량은 헥타르당 3톤에서 5톤으로, 콩 생산량은 헥타르당 2.8톤에서 4.7톤으로 늘어났다(Altieri et al. 2011).

콩의 단작 재배가 지배적인 브라질 내륙의 사바나지대인 세라도스cerrados에서는 부적절한 토지 개발로 인한 폐해가 컸다. 세라도스에서 안정적인 생산을 위해서는 토양 보전과 토양비옥도의 유지가 필요한데, 이는 토양유기물 함량의 유지 및 증가가 가장 중요하기 때문이다. 이러한 이유로 비정부조직과 정부 연구원들은 갈색대마Crotalaria juncea 및 벨벳콩Stizolobium atterrimum 같은 녹비의 이용을 촉진하는 데 집중적으로 노력하고 있다. 연구자들은 통상적인 우기에 녹비를 사용하면 곡물 작목의 수확량이 일반적인 단작보다 최대 46% 증가한다는 것을 밝혀냈다. 녹비를 이용하는 가장 일반적인 방법으로 주요 작물을 수확한 후 콩과식물을 심지만, 녹비를 생육기간이 긴 작물과 간작할 수도 있다. 옥수수-녹비 간작의 경우에는 옥수수를 심고 30일 후에 벨벳콩의 종자를 파종할 때 수확량이 가장 높았다(Spehar and Souza 1999).

비정부조직인 '가족농업과 생태농업Agricultura Familiar e Agroecologia, AS-PTA'이 주도한 보다 최근의 프로젝트에는 파라이바Paraiba 주 반건조지대의 15개 농촌노동자조합, 150개 지역사회협회, 1개의 지역 생태농업 농민조직이 참여하고 있다. 보르보레마Borborema 지역에서는 5,000호 이상의 농가가 참여하는 농생태적 혁신 네트워크를 통해 80개의 종자은행을 설치하고, 1,700호의 농가에 현지에서 생산한 1만 6,500킬로그램의 토종종자를 배포하고, 1만 7,900그루 이상의 묘목을 생산하는 프로젝트가 진행되었다. 그 결과 30킬로미터가 넘는 울타리에 나무를 심었고, 100개가 넘는 농장에 과수를 제공했다. 이 프로젝트는 또한 물을 저장할 수 있는 556개의 수조를 설치해 가뭄 때에도 집약적인 텃밭에서 채소를 생산할 수 있게 했다(Cazella, Bonnal and Maluf 2009).

다양화된 영농체계의 성과 측정

농장의 규모와 생산성의 관계에 대한 수많은 논쟁에도 불구하고(Dyer 1991; Dorward 1999; Lappé, Collins and Rosset 1998: Ch. 6), 생태농업 옹호자들은 한 작물의 수확량이 아니라 농장의 총생산을 고려한다면, 소규모 농장이 대규모 농장보다 훨씬 더 생산적이라는 것을 보여줬다. 한 작물만의 수확량을 측정하는 것은 다양화된 농장의 실제 생산성을 올바르게 측정하는 방법이 될 수 없다. 총생산—그 농장에서 생산되는 모든 농산물의 생산량—이 생산성의 실제 척도가 되어야 한다.

한 작물의 수확량만 측정해 비교하면 단작 재배 농장이 유리하게 되는 편향이 발생한다. 예를 들면, 동일 면적에 옥수수만 재배하는 농장과 수십 가지의 다양한 작물을 생산하는 생태농업 농장을 비교하면 단작 재배가 유리한 것으로 나타나는 비교 편향이 발생한다. 생태농업 농장의 경우, 단일 작물의 생산량("수확량")을 측정하는 것은 의미가 없다. 왜냐하면 실제 생산성은 각 경지면적에서 생산하는 모든 생산물의 합계여야 하기 때문이다.

소규모 농가가 통합적인 농업체계를 활용해 생산하는 곡물, 과일, 채소, 사료 및 동물성 생산물 등의 총생산량은 대규모 농장에서 옥수수(단작)와 같은 한 작물의 단위당 수확량을 능가한다. 옥수수만을 재배하는 대규모 농장은 콩, 호박, 감자 및 사료를 포함하는 복합 재배의 일부로 옥수수를 재배하는 소규모 농장에 비해 단위면적당 더 많은 옥수수를 생산할 수는 있다. 그러나 총생산을 측정하면 소규모 생물다양성 농장이 대규모 단작 농장보다 생산성이 더 높다. 소규모 농가의 복합 재배의 경우, 단위면적당 수확할 수 있는 생산량은 동일한 관리 수준의 단작 재배보다 높다. 생산성에서의 이점이 20~60%에 이르는데, 이는 복합 재배가 잡초, 곤충 및 질병으로 인한 손실을 줄이고 물, 빛, 영양분 등 이용가능한 자원을 보다 효율적으로 사용하기 때문이다(Beets 1990).

이러한 수확량에서의 이점을 평가하는 중요한 도구는 토지등가비율land equivalent ratio(이하 LER)이다. LER은 다른 모든 조건이 동일하다고 가정하고, 특정 작물을 단작한 경우의 수확량과 두 개 이상의 작물을 간작(복합 재배)으로 재배해 얻는 수확량을 비교한다. LER=Σ(Ypi/Ymi) 공식을 사용하여 계산한다. 여기서 Yp는 복합 재배에서 얻는 각 작물의 수확량이고, Ym은 단일 작물 또는 단작으로 수확한 각 작물 또는 품종의 수확량이다.

각 작물(i)에 대해 각각의 부분 LER을 계산하고, 이들을 합계해 전체 LER을 얻는다. 전체 LER 값이 1.0이면 복합 재배와 단작 사이의 총생산성 차이가 없음을 보여준다. 1.0보다 큰 값은 복합 재배가 단작보다 생산성에서 유리하다는 의미다. 예를 들어, LER이 1.5인 경우는 단작으로 심는 면적이 복합 재배로 심는 면적보다 50% 더 커야 동일한 결합총생산량combined total product을 얻을 수 있다는 것을 말한다(Vandermeer 1989).

밀파milpa(옥수수를 콩, 호박 및 기타 식물 종과 함께 재배하는 전통농법) 재배는 중앙아메리카의 많은 농촌 지역사회의 먹거리 보장의 근간이다(Mariaca Méndez et al. 2007). 아이작슨의 연구에 따르면, 대부분의 농민은 환금작물의 재배나 다른 경제활동을 통해 수익을 늘릴 수 있는 방법을 잘 알고는 있지만, 조사 대상 가구의 99%가 밀파 재배가 가족의 먹거리 확보에 있어 핵심이라고 인식하고 있다(Isakson 2009). 밀파의 가치를 순수한 현금수익이라는 경제적 측면에서만 파악하는 것은 이러한 측면을 간과하는 것이라는 점이 명백하다. 농민의 먹거리 확보에 있어 밀파가 기여하는 정도는 밀파가 주는 칼로리보다 훨씬 크다. 가족의 기본적인 생계에 필요한 상당부분을 보장해주기 때문이다. 멕시코에서는 1헥타르의 땅을 전통적 밀파 방식으로 재배해서 얻는 것과 동일한 양의 먹거리를 생산하려면 옥수수를 단작할 경우 1.73헥타르의 땅이 필요하다. 또한, 옥수수를 단작할 경우에는 헥타르당 2톤을 생산하는 반면, 옥수수-호박-콩의 혼합 재배는 사료나 비료로 사용할 수 있는 건조 상태의 작물을 헥타르당 최대 4톤까지 생산할 수 있다. 건조한 환경의 브라질에서는 옥수수 대신 수수를 간작으로 심는데, 동부나 콩의 생산량에 영향을 주지 않고 LER 값은 1.25~1.58을 실현한다. 수수는 가뭄에 더 잘 견디기 때문에 생산은 매우 안정적이다(Francis 1986).

또한, 단작 농장과 복합 재배 농장의 성과를 파악하기 위해 작물 재배와 가축 사육에 직접 사용되는 에너지의 투입량을 비교하는 것도 가능하다. 연구에 따르면, 소규모 농민과 유기농장은 기존의 단작 재배체계보다 에너지 효율이 더 높다. 전형적인 고지대인 마야의 옥수수 농장은 노동에 대한 에너지 보수가 여전히 높아서, 현재도 이 체계가 유지되고 있다. 일반적으로 연간 423만 692칼로리를 생산하는 1헥타르의 땅을 경작하려면 약 395시간의 노동이 필요한데, 이는 1시간 노동으로 약 1만 700칼로리를 생산하는 셈이다. 성인 3명과 어린이 7명으로 구성된 가족은 연간 약 483만 칼로리의 옥수수를 섭취하기에, 현재의 체계는 5~7명으로 구성된 전형적인 가족에게 제공되는 양이다

(Wilken 1987).

또한 이러한 체계는 에너지의 투입과 산출의 비율에서도 양호한 수익률을 가져온다. 수작업에 의존하는 멕시코의 화전 구릉지에서 옥수수 수확량은 헥타르당 약 1,940킬로그램이며, 산출과 투입의 비율은 11:1이다. 과테말라에서는 비슷한 시스템으로 헥타르당 약 1,066킬로그램의 옥수수를 생산하는데, 에너지 효율 비율은 4.84:1이다. 축력을 활용한다고 해서 수확량이 반드시 증가하는 것은 아니지만, 에너지 효율 비율은 3.11:1~4.34:1 수준으로 떨어진다. 비료와 기타 농약을 사용하면 수확량은 헥타르당 5~7톤 수준으로 증가할 수 있지만, 에너지 효율 비율은 2.5:1 미만이 되어 매우 비효율적이다(Pimentel and Pimentel 1979).

영국에서 7종의 작물을 대상으로 유기 재배 및 관행 재배를 비교한 결과에 따르면, 기계 사용에 따른 에너지 수요가 유기 재배에서 더 높은 것으로 나타났다. 그러나 기계 사용으로 인한 에너지 증가가 합성비료와 살충제를 사용하지 않아서 얻는 에너지 절약보다 크지는 않았다(Lotter 2003). 피멘텔 등에 따르면, 화염제초 flaming weeding를 함으로써 에너지가 많이 필요한 당근을 제외하면, 모든 작물의 경우에서 생산물단위당 총에너지 사용량은 유기 재배체계에서 더 낮았다(Pimentel et al. 2005). 유기 재배 생산물의 총에너지 수요는 관행에 비해 평균적으로 15% 낮았다. 유기농업에서 에너지 투입에 대한 의존도가 낮아지면 에너지 가격과 이에 따

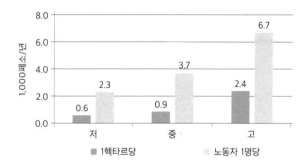

〈그림 3-2〉 쿠바의 상크티스피리투스Sancti Spiritus 주의 33개 농장의 생산(2008년)

주: 분류(저, 중, 고)는 농생태적 통합의 정도를 나타냄.
자료: Machín Sosa et al. 2013

른 농업 투입재 가격의 변동성에 대한 취약성도 줄어든다.

　마신 소사 등(Machín Sosa et al. 2013)과 로셋 등(Rosset et al. 2011)
은 생태농업의 통합수준이 매우 낮은 것부터 높은 것까지 세 가
지 수준으로 나눠 쿠바의 33개 농장의 총경제생산성total economic
productivity을 비교했다(그림 3-2). 그들은 다른 연구 결과와 마찬가
지로 농장이 농생태적일수록 단위면적당 총생산성이 더 높다는
것을 발견했다. 흥미롭게도 농생태적인 농장일수록 노동생산성
이 더 높다는 것도 발견했다. 이는 단작 농장에서 노동이 들어가
야 하는 작업을 생태적 기능이 대신한다는 것을 의미한다(이는
키 큰 혼작 작물이나 나무가 잡초의 번식을 억제해서 잡초를 제거할 필요성
이 줄어드는 것과 같다).

기후변동성에 대한 회복력

많은 연구자는 선주민과 지역사회가 기후변화에 따른 위험에 노출되면서도 변화하는 기후 조건에 적극적으로 대응하고 있으며, 기후변화에 기민하게 대응하는 회복력을 보여왔다는 사실을 발견했다. 농장과 가축의 유전적 다양성과 종다양성을 유지하는 전략은 불확실한 기상 조건에 따른 위험을 낮추는 완충 역할을 한다(Altieri and Nicholls 2013). 전통적 농민은 시간과 공간을 감안해 다양성을 창출함으로써 일시적인 기후변화에 민첩하게 대응할 수 있는 기능적 다양성과 회복력이 훨씬 크다. 세계 각지의 172개 사례 연구 및 프로젝트 보고서를 검토한 결과에 따르면, 전통적 농민들이 사용해온 농업 생물다양성이 회복력에 기여하고 있는 것으로 나타났다. 농생태계의 보호와 회복, 지속가능한 토양 및 수자원, 혼농임업, 영농의 다각화, 재배방식의 다양한 조정, 스트레스 저항성 작물의 이용 등의 다양한 전략을 결합하는 방식으로 회복력을 확보하고 있다(Mijatovic et al. 2013).

허리케인 미치Mitch*가 발생한 이후 중앙아메리카 산비탈지역을 대상으로 실시된 조사에 따르면, 피복작물, 간작, 혼농임업 등

* 1998년에 발생한, 기록상 200여 년 만에 가장 치명적이었던 대서양 허리케인. 온두라스의 약 7,000명, 니카라과의 3,800명을 포함해 중앙아메리카에서 11,374명의 사망자가 발생했다.

다각화 영농을 실천하는 농민들은 인근의 관행적인 단작 농민들보다 허리케인으로 인한 작물 손실, 토양 침식, 새로운 물길 등으로 인한 피해를 덜 입는 것으로 나타났다. CAC운동이 주도한 이 조사는 100여 개의 농민-기술자 팀이 참여해 인근 생태농업 농장과 관행방식의 농장 1,804개를 두 개의 군락으로 분류해 특정 농생태적 지표에 대해 비교 관찰을 수행했다. 이 연구는 니카라과, 온두라스, 과테말라의 360개 지역사회와 24개 부서를 대상으로 이루어졌다. 생태농업 농장은 관행적인 이웃 지역에 비해 표토가 20~40% 더 많고, 토양수분이 더 많고, 침식도 적으며, 경제적 손실도 더 적었다(Holt-Giménez 2002). 마찬가지로 치아파스의 소코누스코Soconusco에서 식생의 복잡성과 식물다양성이 보다 높았던 커피 농장은 단순화된 커피 농장보다 허리케인으로 인한 피해를 덜 입었다(Philpott et al. 2008). 2008년 허리케인 아이크Ike가 쿠바를 강타한(2008년) 지 40일 후에 연구원들은 올긴Holguin과 라스투나스Las Tunas 지방의 농장을 조사했는데, 인근 단작 농장은 90~100%의 손실을 입은 데 비해 다양화된 농장은 50%의 손실을 입었다. 마찬가지로, 농태적으로 관리되는 농장은 단작 농장보다 더 빠르게 생산능력을 회복(허리케인 발생 40일 후 80~90% 회복)했다(Rosset et al. 2011).

콜롬비아의 경우, 집약적인 수목-축산 복합체계intensive silvopastoral systems, ISS는 가축 사육과 결합한 혼농임업에 기반을 둔 지속가능한 생태적 통합이라는 형태를 취하고 있다. 이는 키가 큰 나무 아래에 높은 밀도로 목초와 사료용 관목을 심어서 결합한 것이다. 2009년 카우카밸리Cauca Valley는 과거 평균에 비해 강수량의 44% 감소라는 기록적인 가뭄에도 불구하고 이 체계는 잘 작동되었다. 목초지의 바이오매스가 25% 감소했음에도 불구하고 나무와 관목의 사료 생산량은 1년 내내 일정하게 유지되었기 때문에 가뭄이 전체 체계에 미치는 부정적인 영향을 상쇄할 수 있었다. 우유 생산량은 그전 4년에 비해 무려 10% 증가해 사상 최고치를 기록했다. 반면, 이웃의 농민이 단작의 목초지에서 사육한 가축은 기아와 물 부족으로 인해 심각한 체중 감소와 높은 사망률을 보였다(Murgueitio et al. 2011).

위의 모든 연구는 극한 기후현상에 대한 취약성을 줄이기 위해서는 식물다양성과 복합성을 향상시킨 영농체계가 중요하다는 점을 강조하고 있다. 연구에 따르면, 농생태계가 유기물이 풍부한 토양과 물 보전 기술로 관리되면서 유전적으로는 이질적인 다양한 경작체계를 특징으로 하는 복합적인 경관의 매트릭스를 구성할 때 더 높은 회복력을 갖는다고 한다(그림 3-3).

대부분의 연구는 농생태계의 생태적 회복력에 초점을 맞추고 있지만, 그러한 농생태계를 관리하는 농촌공동체의 사회적 회복력에 관해서는 거의 언급하지 않았다. 외부의 사회적·정치적·환경적 스트레스에 직면하여 적응할 수 있는 집단이나 공동체의

〈그림 3-3〉 농생태계의 회복력

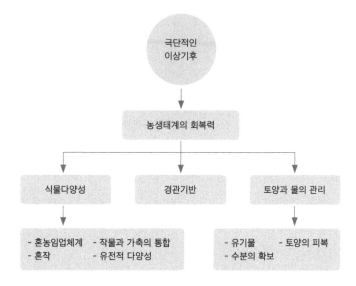

능력은 생태적 회복력과 함께 가야 한다. 회복력을 갖추기 위해 농촌사회는 자기조직화와 상호주의 및 집단적 행동을 채택하고 농생태학적 방법을 확산해 교란을 완충할 수 있는 능력을 보여 줘야만 한다(Tompkins and Adger 2004).

지역 또는 보다 넓은 지역 차원에서 사회적 네트워크의 확장과 통합을 통해 사회적 취약성을 줄임으로써 농생태계의 회복력을 높일 수 있다. 농업공동체의 취약성은 그들의 자연적·사회적 자본이 얼마나 잘 개발되었는가에 달려 있으며, 이것이 기후적

충격에 대한 농민과 농업체계의 취약성을 어느 정도 판가름하게 된다(Altieri et al. 2015). 대부분의 전통적 공동체는 농장이 여전히 기후변화에 회복력 있는 방식으로 대응하는 것이 가능한 다양한 사회적, 농생태학적 전제 조건을 여전히 유지하고 있다.

제4장

생태농업의
전파

앞의 장에서 논의한 바와 같이, 인간과 지구를 고려하면 농민과 가족을 기반으로 생태농업이 산업적 농업에 비해 상당한 강점을 가지고 있다. 그런데 생태농업이 지배적인 패러다임이 아닌 이유는 무엇일까? 한편으로는 크든 작든 농생태적 요소와 연결된 다양한 수준의 전통적 농업과 자급체계가 오늘날에도 인류의 대부분을 부양하고 있다(ETC Group 2009, 2014; GRAIN 2014). 그러나 현재 또는 과거부터 '근대적'인 관행농업이 이루어지고 있는 지역의 지배적인 패러다임은 상업용 종자, 단작과 화학적 투입재에 기반을 두고 있다. 우리가 "지배적"이라고 말할 때는 인식론적인 의미뿐만 아니라, 그 지역 대부분의 농가가 규모와 상관없이 관행적인 모델을 실천하고 있음을 의미한다.

이들 지역에서는 생태농업 농민, 심지어 유기농민조차도 소수파에 속한다. 유기농업은 주요한 기관(농업부, 농업 관련 기관, 농과대학, 농업개발은행, 대중매체 등)에서 거의 공론화되지 않으며, 생태농업은 전혀 취급되지 않는 것으로 보인다(이에 관해서는 제5장에서 논하겠다). 다른 한편, 농업체계의 농생태적 전환에 우호적인 논의도 많이 이루어지고 있다. 그러나 어떻게 하면 더 넓은 영역에서 더 많은 농가가 생태농업을 실천할 수 있도록 전파傳播할 것인가는 여전히 과제로 남아 있다.

생태농업의 확충과 확산

생태농업을 어떻게 전파scale할 것인가에 관한 우리의 이해수준은 아직 초기 단계에 불과하다. 생태농업의 기술적 측면에 관한 연구는 우대받는 경향이 있는 반면, 사회과학적 측면에 관한 연구는 아직 많이 취약하다(Rosset et al. 2011; Méndez, Bacon and Cohen 2013; Rosset 2015b; Dumont et al. 2016). 생태농업은 일련의 농업 관행이나 생태 이론에 기초한 과학 분야에 국한된 것이 아니고, 사회운동으로서도 성장하고 있다(Wezel et al. 2009). 생태농업의 사회적 측면을 분석함으로써 생태농업을 전파할 수 있는 중요한 통찰력을 얻을 수 있는데, 이는 기술적·농학적 측면을 축소하려는 의도가 아니다. 오히려 이 장을 통해 우리는 독자들이 이를 당연한 것으로 받아들이기를 바란다.

생태농업에 특별히 초점을 맞춘 것은 아니지만, 지난 수년에 걸쳐 농촌개발에서 성공적인 지역 혁신과 프로세스를 확충scaling-up하는 문제에 대해 다양한 분석이 여러 차례에 걸쳐 이루어졌다. 유빈과 밀러는 생태농업의 확충 과정을 분류해볼 것을 제안했다(Uvin and Miller 1996: 346). 생태농업의 양적인 확충은 참여인원 및/또는 지리적 범위를 늘린 프로그램이나 조직을 통해 이루어졌다. 이러한 종류의 확충은 명백하게 성장 또는 확장을 가져온다.

기능적 확충은 새로운 활동이 프로그램이나 조직에 추가될 때 이루어진다. 예를 들어 농업 실천에 초점을 두면서 영양 분야를 추가하는 것이다. 정치적 확충은 국가의 정치에 적극적으로 참여함으로써 공공정책에 구조적 변화가 이루어지는 것을 말한다. 마지막으로, 조직적 확충은 지역 또는 풀뿌리조직이 조직의 힘을 높여서 과정의 유효성, 효율성 및 지속가능성을 향상시키는 것을 말한다.

　필자들은 각 확충 유형을 다양한 구성요소로 분류한다. 예를 들어, 더 많은 개인이나 가족 또는 그룹이 과정에 참여하게 되면 다음과 같은 방법을 통해 양적 확충이 이루어진다. 즉, 프로그램이 다른 과정에서도 반복되어 이루어지는 복제를 통해, 외부 행위자(예: 자금 제공자 또는 외부 비정부조직)가 내생적 과정을 채택하고 지원하는 훈련을 통해, 여러 동료 그룹이나 조직이 과정을 병합하는 수평적 결합을 통해, 정부의 유관기관과 같은 공적 부문이 방법이나 과정을 대중화해 통합하는 방식으로 양적 확충이 이루어진다.

　2000년에 국제농촌재건연구소International Institute of Rural Reconstruction, IIRR는 필리핀에서 '보급을 향하여: 더 많은 사람들에게, 더 많은 혜택을, 더 빨리 가져올 수는 없을까?'라는 주제로 콘퍼런스를 주최했다. 주제는 주최 측이 제안한 '보급'의 조작적 정의operational definition*를 보여준다. 참가자들은 두 가지의 광범위한 범주, 즉 수평적 확충(유빈과 밀러의 양적인 확충과 유사)과 수직적 확충(정치적 확충과 유사)이라는 두 가지 범주를 구분했다(그림 4-1 참고).

이 개념화에서 수평적 확충은 지리적 확장과 수적 증가를 의미하는데, 중요한 것은 더 많은 사람과 가족, 공동체에서 "기술의 확충이 아니라, 기술/혁신의 이면에 있는 과정과 원리가 확충" 되는 것이다(IIRR 2000). 생태농업이 보급되는 과정을 언급할 때 이러한 원리를 강조하는 것은 매우 중요하다. 국제열대농업센터 International Centre for Tropical Agriculture, ICTA의 패치코와 후지사카가 편집한 문헌은 전반적인 논쟁을 요약하면서 현재 일반적으로 받아들여지는 용어를 제시한다(Pachico and Fujisaka 2004). 여기서 확산scaling-out은 양적·지리적 확장을 의미하고, 확충scaling-up은 공공정책이나 공적기관에 의한 지원의 제도화를 의미한다.

생태농업의 측면에서 보면, 확충은 교육이든 훈련이든 연구든 신용확대든 시장이든 상관없이, 생태농업에 대한 지원정책이 제도화되는 것을 의미한다. 가장 엄격한 의미에서 확산은 더 넓은 영역에서 더 많은 가족이 어떤 형태로든 생태농업을 실천한다는 것을 의미한다. 그러나 이러한 의미에서 '확산'은 확충의 목표이면서 존재이유이므로, 더 많은 사람에게 생태농업을 전달

---

* (앞쪽) 사회조사 등에서 사물이나 현상을 경험적으로 기술한 정의.

<化림 4-1> 확충의 수평적·수직적 차원

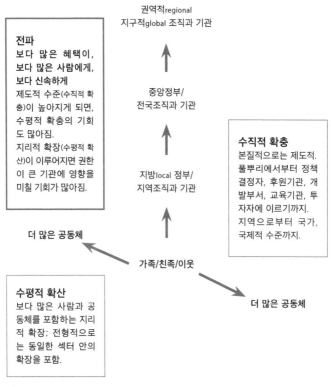

전파
**보다 많은 혜택이,
보다 많은 사람에게,
보다 신속하게**
제도적 수준(수직적 확충)이 높아지게 되면, 수평적 확충의 기회도 많아짐.
지리적 확장(수평적 확산)이 이루어지면 권한이 큰 기관에 영향을 미칠 기회가 많아짐.

권역적regional
지구적global 조직과 기관

중앙정부/
전국조직과 기관

지방local 정부/
지역조직과 기관

가족/친족/이웃

더 많은 공동체

수직적 확충
본질적으로는 제도적.
풀뿌리에서부터 정책결정자, 후원기관, 개발부서, 교육기관, 투자자에 이르기까지.
지역으로부터 국가, 국제적 수준까지.

더 많은 공동체

수평적 확산
보다 많은 사람과 공동체를 포함하는 지리적 확장; 전형적으로는 동일한 섹터 안의 확장을 포함.

자료: IIRR 2000: 10

하기 위한 일반적인 용어로 '확충'을 사용하게 되었다(Parmentier 2014; von der Weid 2000; Holt-Giménez 2001, 2006; Altieri and Nicholls 2008; Rosset et al. 2011; Rosset 2015b; McCune 2014; McCune et al. 2016;

Khadse et al. 2017). 그럼에도 불구하고 다른 사람들은 생태농업의 "영역화", "농생태적 영역 건설", "대중화", "증폭화" 등의 표현을 사용하기도 한다(Muterlle and Cunha 2011; Rosset and Martínez-Torres 2012; Machín Sosa et al. 2013; Rosset 2006, 2015a, 2015b; Bruil and Milgroom 2016; Wezel et al. 2016).

생태농업 확충의 장애물과 장벽

생태농업을 전파하기 위해서는 다음과 같은 주요한 제약과 장애물을 극복해야 한다(Alonge and Martin 1995; Sevilla Guzmán 2002; Carolan 2006; Altieri et al. 2012; Parmentier 2014).

- 토지 보유 문제: 대부분의 국가에서 토지에 대한 접근 제한과 토지의 불안정한 보유로 인해 생태농업의 실천은 중대한 장벽에 부딪친다. 농민은 불안정한 재산권으로 인해 혼농임업을 채택하거나 토양 보전에 투자하기가 어렵다. 토지가 없으면 생태농업을 실천할 수 없다.
- 농민의 지식 및 정보 수요: 수십 년간의 녹색혁명과 농업근대화로 많은 농민 지식이 사라졌다. 생태농업의 실천은 매우 복잡하고 집약적인 관리가 필요하기 때문에 이를 적용하려면 특히 농

민에서 농민으로 연결되는 수평적 메커니즘을 통한 학습을 늘려야 한다.

- 계속되는 편견, 이데올로기적·인식론적 장벽, 실천 지식의 부족: 잘못된 편견과 정보 부족으로 인한 문제가 심각하다. 생태농업은 "과거로의 회귀"라느니 "한계지의 자급적 농업에나 적용가능하다"느니 "결코 세계를 먹여 살릴 수 없다"느니 하는 편견으로 인해 생태농업을 실천하는 데 필요한 지원을 받는 것이 어려운 실정이다. 공무원, 연구자 및 농업지도사는 사적인 이해 때문에 관행농업을 옹호하기도 한다. 대학의 농학 교육과정은 여전히 산업적 관행농업에 유리하게 구성되어 있다. 서구의 데카르트적 환원주의 과학은 보다 총체적인 생태농업에 우호적이지 않다. 생태농업에서는 많은 경우 상승작용과 높은 수준의 상호작용이 투입재의 직접적인 효과보다 중요하다.

- 현장의 특수성: 생태농업의 원리는 보편적인 적용이 가능하지만, 이 원리가 실제로 적용되는 기술은 각 현장의 지배적 환경 및 사회경제적 조건에 따라 달라진다. 이러한 현장의 특수성 때문에 지역 연구와 혁신이 필요하며, 특히 농민의 창의성이 발휘되어야 한다.

- 농민조직의 결여: 많은 농민이 지역에서 집단적인 실험을 하고 농생태적 정보를 교환할 수 있는 사회적 네트워크를 갖고 있지 못하다는 것은 농생태적 혁신을 적용하고 전파하는 데 중요한

제약이 된다. 괄목할 만한 성공 사례는 농민에 의해 그리고 농민 조직에 의해서 만들어지는 것이 일반적이다.

• 경제적 장벽: 많은 관행농업 농가는 높은 비용과 이에 따른 부채라는 기술의 악순환technical treadmill에 갇혀 있다. 빚을 진 농민들은 일반적으로 대출 요건 때문에 시도할 엄두도 나지 않고, 영농체계의 완전한 변화를 꾀하기는 더욱 어렵다. (생태농업으로의) 전환에 필요한 재정적인 지원은 거의 없고, 특히 전환 중에 일시적으로 생산성이 낮아져 손실이 발생해도 지원이 이루어지지 않는다. 이러한 투자를 인정해 가격 인센티브로 보상하는 시장기회도 거의 없다.

• 국가의 농업정책: 국가가 생태농업을 지지하는 정책을 펼치지 않는 이유는 국가가 대안적 방식을 주목하지 않기 때문이다. 대부분의 나라에서 농생태적 생산체계로 전환하는 데 필요한 경제적 여건을 조성하는 정책은 계속 실패했다. 잘못된 정책은 생태농업의 발전을 가로막는 더 큰 장애물이 되었다. 시장실패가 계속 발생했고, 대부분의 선진국이 농산물 수출을 장려하기 위해 지급하는 보조금은 농산물 가격을 낮은 수준으로 묶는 데 일조했으며, 이것이 생태농업을 포함하여 농업을 혁신할 유인을 축소시켰다. 농산물의 실질가격이 일반적으로 너무 낮기 때문에 농가가 지속가능한 농업으로 전환하는 데 필요한 자본을 확보하기가 매우 어렵다. 규제가 완화된 시장, 민영화 및 자유무역협정은 소

규모 농민과 소비자 모두에게 부정적인 영향을 미친다. 정부 보조금에 일부 자극받은 농산물 수출과 바이오연료의 확대로 인해 국가의 식량 생산능력은 축소되고, 상황은 더욱 악화된다.

• 인프라 문제: 지속가능한 농업이 보다 광범하게 이루어지기 위해서는 각 나라가 여러 가지 대안시장에 투자해야 한다. 더 많은 농민시장, 생태적인 소규모 농가가 생산한 농산물의 공공영역의 구매, 농민이 생산물을 시장에 공급하는 데 도움을 줄 수 있는 운송수단 등에 투자해야 한다. 많은 국가에서 피복작물과 녹비 생산에 필요한 종자를 충분히 확보하지 못하는 것도 생태농업의 광범한 실행을 위해 극복해야 할 장벽이다.

조직화의 중요성

생태농업의 확충을 가로막는 장애를 넘어서기 위해서는 조직화가 필요하다. 정책의 전환을 요구하는 체계적인 압박은 강력한 조직과 조직적 역량 없이는 불가능하다. 교육과정을 개혁하고 지식의 수평적 전달에 효과적인 과정을 구축하는 것도 필요하다. 사회적 조직은 생태농업이 성장하는 문화적 매개체이며, 사회적 과정 방식은 그 성장을 돕는다. 조직 구성원이 아닌 개별 농민이나 가족 농장의 경우에는 자신의 농장이 성공적으로 농생태적으로 변화하더라도 다른 농민들이 자신의 경험을 배우길 원하는지, 어떻게 배우는 것이 가능할지가 명확하지 않다. 그러나 그들이 조직의 구성원이고, 그래서 농민 간의 교류를 의도적으로 수행할 수 있다면 상승효과를 발휘할 수 있게 된다.

농촌사회운동과 농민조직의 경험은 생태농업을 '대중화'하고 전파하는 핵심요소가 사회적 과정을 집단적으로 구축할 수 있는 역량이라는 점을 확인시켜준다. 조직화의 정도(사회운동에서는 '유기성organicity'라고 한다)와 농민과 농가가 그 주역이 되는 수평적인 사회적 방식이 중요한 이유다. '농민에서 농민으로' 지식이 전달되는 과정과 농민조직에 의해 운영되는 생태농업학교는 이러한 원리가 작동하는 매우 좋은 사례다(Holt-Giménez 2006; Rosset et al. 2011; Rosset and Martínez-Torres 2012; Machín Sosa et al. 2013; McCune, Reardon and Rosset 2014; Rosset 2015b; Khadseet et al. 2017).

세계 각지에서 생태농업의 성공 사례를 살펴보면, 각각의 사회적 조직과 과정이 수행하는 핵심적인 역할을 발견하게 된다. 이러한 사례는 초기에는 중앙아메리카, 이후에는 쿠바 및 기타 지역에서 생태농업을 확산시킨 CAC운동에서 명확하게 드러난다(Kolmans 2006; Holt-Giménez 2006; Rosset et al. 2011; Machín Sosa et al. 2013). 이들 각각의 성공 사례에서 확인할 수 있듯이, 사회적 과정 방식이 도입되면서 생태농업이 빠르게 도약할 수 있었다.

쿠바의 CAC운동

생태농업을 어떻게 확충할 것인가에 관한 논의는 관행농업의 연구나 기술보급 체계가 일반 농가에게 제대로 전달될 수 있었는지, 그리고 그것이 적절했는지에 의문을 제기하는 문헌(Freire 1973), 특히 녹색혁명형 농업보다는 생태농업을 추진하는 문헌(예를 들어, Chambers 1990, 1993; Holt-Giménez 2006; Rosset et al. 2011 참고)에서도 동일하게 확인할 수 있다.

관행농업에서 일반적인 하향식의 연구 및 기술보급 방식은 농생태적인 다양화된 영농을 실천하도록 이끌어내는 데 있어 거의 도움이 되지 않는다. 대신 사회운동이나 사회적으로 활성화하는 방식은 두드러진 장점을 갖고 있다(Rosset et al. 2011; Rosset 2015b; McCune 2014). 사회운동에는 많은 사람—이 경우에는 많은 수의 농가—이 '자기조직화 과정self-organized processes'에 결합하게 된다. 이를 통해 혁신이 빈번하게 일어나게 되고, 이 혁신이 넓게 퍼지고 적용이 확대된다. 생태농업의 원리를 지역의 현실에 의존하는 방식으로 적용한다는 것은 농민이 가지고 있는 지역 지식과 독창성을 무엇보다 우선시한다는 것을 의미한다.

이는 관행농업과는 대조적인데, 관행농가는 농업지도사나 판매업자가 제공하는 농약이나 화학비료 사용지침서에 따르면 되기 때문이다. 농민은 수동적이며, 대신 농업지도사나 농학자가 핵심적인 역할을 할 뿐 아니라 이들이 효과적으로 지도할 수 있는 농가의 수도 매우 제한적이다. 그 결과 그들로부터 얻은 혁신이라 하더라도 농민들 스스로에 의해 촉발되어 확산할 가능성은 거의 없다. 따라서 이러한 경우는 결국 예산에 의해, 즉 얼마나 많은 기술자가 고용되느냐에 따라 결정된다. 프로젝트에 기반해 농촌개발을 시도하는 비정부조직도 동일한 문제에 직면한다. 프로젝트를 진행할 자금이 동나면 모든 것이 프로젝트 시행 이전의 상태로 돌아가서 실질적이고 지속적인 효과는 거의 없게 된다(Rosset et al. 2011).

제3장 등에서 언급한 바와 같이, 농민에 의한 혁신과 수평적 공유와 학습을 촉진하는 가장 성공적인 방법은 CAC운동이다. 농민들의 혁신과 공유는 아주 먼 옛날로 거슬러 올라가지만, 보다 현대적이고 공식화된 방식은 과테말라 현지에서 개발되어 1970년대부터 중앙아메리카 전역으로 퍼졌다(Holt-Giménez 2006).

CAC운동은 농민활동가에 기반을 둔 프레이리Freire*적인 수평적 커뮤니케이션 혹은 사회적 과정 방식이라고 할 수 있다. 여기에서 농민활동가는 공동의 농업문제에 대한 해결책을 혁신하거

* Paulo Freire. 브라질의 교육학자로, 민중교육에 헌신했으며, 농민 등의 주체화 교육 프로그램을 전파했다.

나 예전의 전통적 방식을 복원/재발견하고, 동료들과 자신의 농장을 교실로 활용하면서 이를 공유하기 위해 '대중교육'을 실천한다. CAC운동의 기본적인 믿음은, 농민은 도시에서 만들어진 농학자들의 언어를 받아들이는 것보다 자신의 농장에서 성공적으로 실행하는 다른 농민들을 믿고 따르기가 쉽다는 것이다. 농민이 동료의 농장을 방문해 자신의 눈으로 대안이 작동하는 것을 확인할 수 있는 경우에는 더욱 그렇다. 예를 들어 쿠바의 농민들은 "보는 것이 믿는 것"이라고 말한다(Rosset et al. 2011).

관행적인 기술보급 방식은 농민들의 연대를 깨뜨리지만, CAC운동에서는 농민 스스로가 기술을 창출하고 공유하며, 이 과정에서 농민들은 주체가 되어 결집한다(그림 4-2). CAC운동은 지역 농민의 필요와 문화 및 환경적 조건을 기반으로 하는 참여적 방식이다. 특정한 역사적 상황이나 정체성으로 연결된 가족이나 지역사회의 풍부한 농업지식을 발견하고, 인식하고, 활용하고, 사회화하는 방식으로 진행하기 때문에 농민들의 지식과 열정, 지도력이 잘 구현된다.

관행적인 기술보급에서 교육은 길들이기에 가까운 형태로 이루어지며, 기술전문가의 목표는 농민의 지식을 화학자재와 종자, 기계의 구입으로 대체하는 경우가 대부분이다(Freire 1973; Rosset et al. 2011). 홀트-히메네스는 생태농업의 실천을 확산시키는 중앙아메리카의 CAC운동의 사회운동 경험을 기록하면서, 이러한 방

<그림 4-2> 관행적 기술보급과 CAC운동 비교

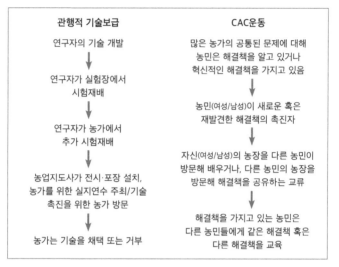

관행적 기술보급

연구자의 기술 개발

↓

연구자가 실험장에서
시험재배

↓

연구자가 농가에서
추가 시험재배

↓

농업지도사가 전시·포장 설치,
농가를 위한 실지연수 주최/기술
촉진을 위한 농가 방문

↓

농가는 기술을 채택 또는 거부

CAC운동

많은 농가의 공통된 문제에 대해
농민은 해결책을 알고 있거나
혁신적인 해결책을 가지고 있음

↓

농민(여성/남성)이 새로운 혹은
재발견한 해결책의 촉진자

↓

자신(여성/남성)의 농장을 다른 농민이
방문해 배우거나, 다른 농민의 농장을
방문해 해결책을 공유하는 교류

↓

해결책을 가지고 있는 농민은
다른 농민들에게 같은 해결책 혹은
다른 해결책을 교육

자료: Machín Sosa et al. 2013: 76

식을 "농민의 교육학peasant pedagogy"이라고 칭했다(Holt-Giménez 2006).

쿠바는 CAC운동의 사회적 방식이 가장 큰 성과를 거둔 곳이다. 비아 캄페시나의 회원조직인 전국소규모농민연합National Association of Small Farmers(이하 ANAP)은 생태농업을 위한 의식적이고 명시적인 목표를 갖고 풀뿌리운동으로 전국적인 조직 내부에 CAC운동을 받아들였다(Machín Sosa et al. 2010, 2013; Rosset et al. 2011 참고). 10년도 채 되지 않은 기간에 쿠바 전체 농가의 3분의

1 이상이 생태농업으로 생산을 통합하고 다양화된 영농체계로 전환되는 놀라운 성장을 보였다. 같은 기간 동안 쿠바 농업 생산에서 농민의 기여도는 놀라울 정도로 높아졌다. 이외에도 농화학 제품의 사용이나 기타 투입재의 구매 감소(자율성의 향상), 기후충격에 대한 회복력도 향상되었다(Machín Sosa at al. 2013).

앞에서도 주장했듯이(Rosset et al. 2011), 중앙아메리카에서보다 쿠바에서 훨씬 더 큰 성장을 보여준 이유는 쿠바의 ANAP가 보여준 높은 조직화의 정도organicity와 함께, 이 조직이 강한 의지를 갖고 CAC운동 방식을 활용해 추진한 것이 주효했기 때문이다.

인도의 제로예산자연농업운동

생태농업 전파에 성공한 인도 농민운동의 예로 제로예산자연농업Zero Budget Natural Farming(이하 ZBNF)을 들 수 있다. 남인도에서 발전한 ZBNF는 비록 정도의 차이는 있지만, 인도 대부분의 지역에서 이루어지고 있다. 처음에 확산되었던 지역은 카르나타카였지만 현재는 인도 남부의 타밀나두, 안드라프라데시, 케랄라 등에 널리 퍼져 있다.

비아 캄페시나의 회원조직인 인도의 카르나타카농민연합Karnataka Rajya Raitha Sangha(이하 KRRS)는 중규모 농민이 중심인 강력한 조직으로, 회원의 다수는 ZBNF의 회원이기도 하다. KRRS는 ZBNF의 담론과 실천을 함께 추진한다. KRRS는 회원들이 ZBNF 방식을 연수할 수 있도록 최근 생태농업학교를 개설했다. ZBNF 방식의 기본적 프로그램은 녹색혁명의 부작용으로 자신의 농장이 피해를 본 농학자 수바시 팔레카Subhash Palekar가 1990년대에 농업지도소에서 근무하면서 얻은 생태적 과정과 토착영농방식에 관한 연구와 관찰을 바탕으로 ZBNF를 KRSS와 함께 구축했다(Khadse et al. 2017; FAO 2016).

ZBNF는 영농에서 모든 외부 투입재와 차입금에 대한 의존을 끊고 생산비용을 대폭 줄이는 것을 목표로 한다. "제로예산zero budget"라는 문구는 어떤 차입금에도 의존하지 않고, 투입재도 구입하지 않는 것을 의미한다. "자연농법natural farming"이란 화학물질을 사용하지 않고 자연을 활용해 농사를 짓는 것을 의미한다. ZBNF를 옹호하는 사람들은 인도의 농업 위기와 농민 자살 증가에 대한 해결책으로 ZBNF를 위치 짓고 있다.

성과 측면에서 보면, ZBNF는 전 세계적으로 가장 성공적인 생태농업운동 중 하나라고 할 수 있을 것이다. 운동의 지도자들은 인도 전체에서 수백만 명의 농민이 ZBNF를 실천하고 있다고 주장하고 있으며, 카르나타카 주만 놓고 보면 대략 10만 명에 이르는 것으로 추산된다. 지난 10여 년 동안 ZBNF운동은 전국 단위의 대규모 연수 캠프를 약 60차례 조직했으며, 각 캠프에는 여성, 남성, 청소년을 포함해 평균 1,000~2,000명의 농민이 참여했다. 풀뿌리 수준에서 자발적으로 ZBNF를 추진하는 조직이 대부분의 지역에 만들어져 있다. 이 모든 것은 공식적인 운동조직이나 유급 직원, 심지어 은행 계좌 없이 달성되었다. ZBNF는 농민 구성원들의 자발성과 열정을 고취하며, 이들은 운동의 주역으로 참여한다.

인도에서 ZBNF가 성공하게 된 필요조건은 비록 그 자체로는 충분하지는 않지만, 농학적·경제적 측면에서 영농 실천이 잘 작동했다는 점이다(제3장 참고). 카르나타카 주의 ZBNF는 사회운동을 원동력으로 지탱하고 있다. 즉, 광범위한 자원이 내부 및 외부의 협력자 모두로부터 동원되었고, 카리스마 있는 리더십, 강력한 교육적 내용을 담고 있는 효과적인 구성 및 자기조직화 과정 같은 고전적인 작업을 통해 만들어낸 사회운동을 역동적으로 이끌어서 카르나타카 주에서도 광범위하게 확산되었다. ZBNF가 카르나타카 주에서 최초로 확대된 이유는 KRSS라는 농민조직이 지역사회 내에 이미 강건한 조직구조를 갖추고 있었기 때문이기도 하다. 이런 과정을 거쳐 그다지 잘 알려지지 않았던 농법이 ZBNF운동을 통해 거대한 풀뿌리 사회운동으로 전환되었던 것이다.

사회운동과 농민 생태농업학교

농촌의 사회운동과 농민조직의 경험을 통해 알 수 있는 것은 생태농업을 원활하게 전파하는 데 있어 농민의 주도성에 기초한 수평적인 사회적 과정을 공동으로 구축할 수 있는 조직화 또는 조직도의 수준이 중요한 열쇠라는 점이다. 예를 들어 CAC운동 과정이나 농민조직 스스로가 운영하는 생태농업학교는 이러한 원리를 보여주는 유용한 사례다(Rosset and Martínez-Torres 2012; McCune et al. 2014).

비아 캄페시나와 그 회원들은 최근 몇 년 동안 아메리카, 아시아, 아프리카의 많은 국가에서 CAC 생태농업 프로그램을 시작했으며, 생태농업 연수자료를 제작하고, 여러 지역과 국가에서 종자 박람회와 종자 보관·교환 네트워크를 지원하고 있다. 쿠바에서는 매우 성공적인 전국 규모의 프로그램이 개발되기도 했다. 이 프로그램에 따라 농민들은 자신의 종자를 교배하고 선택한다. 어떤 나라에서는 소규모 프로그램을 통해서라도 자신의 품종을 교배하고 선택한다.

비아 캄페시나는 농민들이 직접 보고("보는 것이 믿는 것") 우수 사례로부터 배울 수 있는 국내외 교류를 조직했을 뿐만 아니라, 농민이 주도하는 기후에 강한 생태농업 및 식량주권운동의 모범적인 경험 사례를 확인하고, 스스로 연구하고, 기록하고, 분석하고, 수평적으로 공유하기 시작했다. 비아 캄페시나와 회원조직은 베네수엘라, 파라과이, 브라질, 칠레, 콜롬비아, 니카라과, 인도네시아, 인도, 모잠비크, 짐바브웨, 니제르, 말리 등의 지역에서 농민이 농민을 가르치는 지역생태농업 훈련학교 및/또는 농민대학과 정치적 지도력을 연수하는 아카데미 등을 개설했다.

이곳 외에도 수십 개의 전국 수준이나 준전국 수준의 학교에서 농민들은 밀착peer-to-peer 네트워크 교수법을 활용해 농민들 사이의 경험을 공유하고 있다. 농민의 사회운동은 브라질의 교육학자이자 철학자인 파울로 프레이리(Freire 1970, 1973)로부터 영감을 받은 영역성territoriality 요소를 접목해 독자적인 생태농업 교수법을 개발하고 있다(Stronzake 2013; Meek 2014, 2015; McCune et al. 2014, 2016; Martínez-Torres and Rosset 2014, Rosset 2015a; Gallar Hernández and Acosta Naranjo 2014; Barbosa and Rosset 언론 보도 중). 이 새로운 교수법의 요소는 다음과 같다.

- 서로 다른 지식의 수평적 대화(지식의 대화dialogo de saberes)와 경험의 수평적 교환(예: CAC 및 공동체에서 공동체로)이 밑바탕이 된다. 여기에는 종종 지역적이고 구체적인 농민의 지식과 이보다는 더 추상적이고 이론적인 과학자의 보편적 지식 사이의 수평적 대화가 포함된다(Levins and Lewontin 1985: 222 참고).
- 어머니 지구에 대한 존경과 '좋은 삶'을 포함한 정치적, 인본주의

적, 국제주의적 가치와 기술적인 생태농업 연수가 총체적으로 통합된다.

- 교실에서의 학습과 지역사회 및 농장에서의 학습이 번갈아 이루어진다.

- 학교에서의 경험—단지 수업시간만이 아니라 농장활동, 공동으로 이루어지는 학교의 관리와 청소, 공동으로 준비하는 식사와 문화활동 등도 포함—속에 모든 물질적·시간적 공간 계획을 수립함으로써 농민들이 생태농업을 실천하고자 하는 의욕을 높이고, "자신들의 역사를 스스로 만들어가는 주체"로 "형성되는" 과정에 도움이 되도록 설계한다.

- 학교의 조직과 운영에 자발적으로 혹은 공동으로 참여하고, 교육과정을 설계하고 실행하는 것도 교육 경험의 일부가 되도록 한다.

- "모든 것을 아는" 연구자 또는 기술자에 의해 주도되는 연수가 아니라, 촉진자facilitator를 통해 지식의 교환과 전환이 수평적 과정을 통해 이루어지도록 한다.

- 생태농업은 농민의 저항, 식량주권과 자율성의 확립, 인간과 자연 사이의 또 다른 관계를 구축하기 위한 기초다. 또한 생태농업은 '영역적'이므로 조직화가 필요하며, 이는 농촌 현실의 집단적 전환을 위한 투쟁에 있어서 중요한 수단이다.

전파를 달성하는 요소

생태농업이 성공적으로 확산된 세계 곳곳의 사례들(비아 캄페시나의 경험도 포함하지만, 이에 국한되지 않은)을 살펴보면, 성공에 기여할 수 있는 재현가능한 요소들을 발견할 수 있다. 앞서 논의한 사례 등을 바탕으로 이러한 요인 중 일부를 다음과 같이 잠정적으로 나열할 수 있다(Rosset 2015b; Khadse et al. 2017).

사회조직-사회운동: 앞에서 설명한 바와 같이, 농촌의 사회운동과 사회조직을 강화하고, 사회적 과정을 구축하는 능력은 매우 중요하다. 사회조직은 생태농업의 성장과 확산을 위한 문화적 매개다(Rosset and Martínez-Torres 2012; McCune 2014).

수평적인 사회적 과정 방식 및 교수법: 쿠바의 사례에서와 같이, '농민의 교수법'에 기초한 CAC와 같은 사회적 과정 방식은 생태농업의 과정을 확산하는 데 있어서 결정적인 요소다(Rosset et al. 2011; Machín Sosa et al. 2013; Holt-Giménez 2006).

농민의 주체성: 선행연구에 따르면, 기술직 전문가나 농업지도사가 이끌 때보다는 농민 스스로가 과정을 주도할 때 훨씬 빠르게 진행된다고 한다(Rosset et al. 2011, Machín Sosa et al. 2013; Holt-Giménez 2006; Kolmans 2006).

효과적인 농업 실천: 사회적 과정에만 기초해 생태농업을 확산시

킬 수는 없다. 모든 과정은 농민들이 직면한 문제나 장애물에 대한 '해결책'을 제시하고, 생태농업의 실천에 기반해 농민에게 좋은 결과를 제공하는 것이어야 한다(Rosset et al. 2011; Machín Sosa et al. 2013; Holt-Giménez 2006; Kolmans 2006). 그렇다고 해서 이러한 해결책이나 실천이 공적 연구기관의 산물이라는 의미는 아니다. 실제로, 농민의 창의성과 대를 이어 내려온 실천에 관심을 갖는 사회적 과정이 이루어질 때, 농민의 혁신은 공적 연구기관과 동일한 혹은 그 이상의 해결책이나 실천을 제공한다.

동기를 부여하는 담론 및 프레임: 로셋과 마르티네스-토레스는 "실천farming으로서의 생태농업"과 "해석의 틀framing로서의 생태농업"을 구분한다(Rosset and Martínez-Torres 2012; Martínez-Torres and Rosset 2014). 이는 생태농업이 영농으로서 기능을 해야 하는 것은 당연하지만, 생태농업이 보급되고 채택되는 사회적 과정은 조직의 능력과 함께 자신들의 농장을 실제로 전환하고자 하는 동기를 부여하고 활성화하는 담론을 개발하고 사용하는 조직의 능력이나 운동에도 좌우되기 때문이다.

정치적 기회, 외부의 동맹자, 지도자의 카리스마, 지역의 투사: 다른 형태의 사회운동과 마찬가지로, 생태농업운동은 정치적 기회와 외부의 동맹자로부터 활력을 얻을 수도 있고, 이를 이용할 수도 있다. 먹거리에 대한 불안이 커질 때에는 이것이 정치적 기회가 될 수도 있고, 출판된 연수교재를 원하는 정부 관료, 운동을 열렬하게 지지하는 유명인사와 예술가, 종교인, 혹은 운동 내부의 카리스마 있는 지도자의 존재도 도움이 될 수 있다(Khadse et al. 2017).

지역 내외의 시장과 농민 생산물의 연결: 생태농업 생산물에 대한 수요가 증가하거나 농민이 생태적으로 재배한 자신의 생산물을 판매해 이윤을 얻을 수 있는 기회가 많아지면 생태농업을 성공적으로 전파할 여지는 커진다(Brown and Miller 2008; Rover 2011; Niederle, de Almeida and Vezzani 2013). 반대로, 시장에 관심을 갖지 않으면 실패로 귀결될 수 있다. 전환을 모색하는 생태농업이 해결해야 할 주요한 과제는 새롭게 재설계된 다양화된 농장과 농민을 위한 적절한 시장을 연결하는 일이다. 소규모 농가들이 어느 정도의 영향력이나 통제력을 갖고 있는 지역 또는 국가 수준의 다양한 종류의 시장이 필요하며, 이러한 시장을 지탱하고 옹호하고 강화할 수 있는 공공정책이 필요하다. 소비자와 생산자 모두를 위한 적절한 신용과 인프라, 공정한 가격의 확보, 공적 조달체계(제도적 시장)의 확보, 지역local이나 권역regional에서 연대를 바탕으로 하는 농민시장farmers' market 및 공동체지원농업community supported agriculture, CSA체계 등은 농민의 생활을 개선하는 데 있어 중요한 역할을 수행한다(CSM 2016). 이와는 대조적으로, 정책, 경제적 힘과 권력관계가 소규모 농가를 전 지구적 공급망에 밀어 넣게 되면 농민들의 부채 증가와 불안정성 증가로 이어질 것이다. 가치사슬의 전반적인 흐름에서 일반적으로 소규모 농민들이 가치사슬을 통제할 수 있는 힘과 자율성이 낮기 때문이다(McMichael 2013). 소규모 농가가 주로 참여하는 시장을 지원해야 하는 중요한 이유는 이들 시장이 기후나 물가 충격과 같은 전 지구적 도전에 대처할 수 있는 준비가 여러 가지 면에서 잘되어 있기 때문이다. 이는 소규모 농업과 다양화된 영농체계가 결합된 영역적 시장territorial market이 수행하는 "다기능성multi-functionality"에 기인하는 것이라고 '먹거리 보장과 영양을 위한 국제시민사회메커니즘International Civil Society Mechanism for Food Security and Nutrition'은 밝히고 있다. "최선의 선택지인 자가소비 또는 단거리 유통에 의존할 수도 있지만, 먹거리를 판매하고 구입할 수 있는 다양한 유통채널이 확보된다면 영역적 시장 내의 생산자는 국제시장의 가격변동이나 중앙집권적인 농업과 먹거리 사슬의 붕괴에 따른 취약성을 극복할 수 있다"(CSM 2016).

우호적인 공공정책: 공공정책은 생태농업 확산에 있어 중요한 역할을 한다(Gonzalez de Molina 2013). 예를 들어, 비아 캄페시나는 그러한 정책을 다양한 범위에 걸쳐 옹호하는 입장을 취한다(LVC 2010). 비아 캄페시나가 농민농업뿐만 아니라 보다 구체적으로는 생태농업을 촉진하는 정책을 요구한다는 점을 유의해서 봐야 한다. 비아 캄페시나의 구체적 요구는 다음과 같다: 공적 부문과 농민조직, 소비자조직의 공동소유와 공동관리에 기반해 개혁된 준국영기업과 판매공사를 통한 식량비축의 재국유화, 진정한 농업개혁의 실시와 토지수탈 중단, 농기업의 독점 해체와 금지, 가축의 대규모 밀

식사육 금지와 분산형 사육 촉진, 농민과 가족농이 생산한 생태적 생산물에 대한 공적 먹거리 조달체계의 도입, 생태적 농산물과 농민이나 농가 생산물에 대한 가격지지제도와 마케팅 지원 및 신용보조(특히 농민 및 지역사회가 통제하는 대안적 신용제도), 종자와 농생태적 기술에 대한 농민 주도의 과정을 지원하는 연구와 연수 및 기술보급 체계 재검토, 농민과 농가의 자조조직 지원, 생태적 도시농업의 촉진, 먹거리 수입장벽의 (재)도입, GMO와 위험한 농화학 제품 금지, 화학적 투입재와 상업용 종자에 대한 보조금 중단, 농민과 생태적 농장이 사회 전체에 주는 이익에 대해 소비자와 함께하는 교육 캠페인 실행, 학교에서 정크푸드 금지.

서로 다른 여러 나라에서 생태농업과 관련한 많은 정책이 시도되고 있는데, 마신 소사 등(Machín Sosa et al. 2010, 2013)은 쿠바에서의 공공정책이 어떻게 생태농업을 지지해왔는가를 한 개의 장으로 설명하고 있다. 네링과 매케이(Nehring and McKay 2014), 니더를, 데 알메이다와 베사니(Niederle, de Almeida and Vezzani 2013), 그리고 페터슨, 무소이와 소글리오(Petersen, Mussoi and Soglio 2013)는 브라질의 사례를 소개했다. 브라질 정부는 농생태적 전환에 유리한 정부조달, 신용, 교육, 연구, 기술보급 및 기타 정책 도구를 사용할 수 있었고, 그렇게 해야만 했다.

그러나 여기에 주의해야 할 사항이 있는데, 노동자당 정권하에서 실시되었던 브라질의 이러한 정책은 2016년의 의회 쿠데타로 노동당 정권이 전복된 후에는 많은 정책이 파기되었다. 이로 인해 공공부문의 지속적인 지원에 의존하는 방식으로 생산을 확충해왔던 농민협동조합은 불안한 상황에 놓이게 되었다. 이 사례는 흥미로운 논쟁을 제기한다. 생태농업을 보다 빠르게 진행하기 위해 외부의 지원에 의존하는 것이 나은가, 아니면 더디게 가더라도 농민과 농가가 가지고 있는 자원에 기반해 자립성을 더 확보하는 방식이 나은가?

사회적 조직, 사회적 과정 방식, 사회운동

생태농업을 전파하는 데는 지금까지 살펴본 모든 요소가 중요하지만, 본 장 전체를 통해 사회적 조직, 사회적 과정 방식, 사회운동의 역할이 강조된다. 농촌사회운동과 농민조직의 경험이 보여주는 것은 조직화의 정도, 농민 주도성에 기반한 수평적 사회적 방식이 매우 중요한 핵심적인 요소라는 사실이다. 이러한 집합적인 사회적 과정의 구축을 통해 생태농업의 보급과 대중화에 도달할 수 있기 때문이다. CAC의 과정과 농민조직 스스로 운영하는 생태농업학교는 이러한 원리를 보여주는 좋은 사례다. 생태농업에 관한 선행연구의 대부분은 자연과학을 강조했지만, 성공의 사례로부터 얻을 수 있는 체계적인 교훈은 농촌운동을 통한 자기학습과 사회과학적 접근방식이 우선되어야 한다는 점이다. 이를 통해 새로운 집단적 과정을 설계하는 데 필요한 지식과 원리가 만들어질 수 있다.

제5장

생태농업과
정치

대중의 압박이 계속되면서 많은 국제기구, 정부, 대학 및 연구센터, 일부 비정부조직, 기업 및 기타 기관 등은 마침내 '생태농업'을 인정하기에 이르렀다. 그러나 이들은 기존의 권력구조는 그대로 유지한 채, 생태농업을 산업적 먹거리체계가 초래한 지속가능성의 위기를 완화시켜줄 몇 가지 도구를 제공하는 일련의 기술적 집합으로 협소하게 재정의하려 했다. 현대의 환경문제에 대한 담론을 곁들이레로 언급하면서 산업적 먹거리체계를 미세조정하는 수단으로 생태농업을 포획해서, 생태농업을 "기후 스마트 농업", "지속가능한" 또는 "생태적 강화", "유기농" 먹거리의 산업적 단작 등과 같은 다양한 이름으로 포장했다. 우리에게 있어 이러한 것들은 "생태농업"이 아니다. 우리는 이것을 거부하고, 생태농업을 교활하게 훔치는 행위를 폭로하고, 이를 차단하기 위해 싸울 것이다. 산업적 모델을 따르게 되면 기후 위기, 영양실조 같은 문제의 진정한 해결책은 나올 수 없다. 우리는 이를 변혁해 농민, 어민, 목축민, 선주민, 도시농민 등에 의한 진정한 농생태적 먹거리 생산에 기반을 둔 새로운 농촌-도시의 연대를 만들어 우리 스스로의 지역먹거리체계local food system를 구축해나갈 것이다. 우리는 생태농업이 산업적 먹거리 생산모델의 도구로 전락하는 것을 좌시하지 않을 것이다. 우리는 생태농업을 산업적 모델에 대항하는 진정한 대안으로 보고, 인류와 어머니 지구를 위해 먹거리를 생산하고 소비하는 방식을 더 나은 것으로 전환시키는 수단으로 본다.

— 닐레니 생태농업을 위한 국제포럼 선언문(LVC 2015a)

생태농업의 대립적인 영역

갈등이 존재하는 상황에서는 영역territory과 관련된 대립적인 논의 또는 쟁점이 되는 부분이 많을 수밖에 없다. 영역을 연구하는 사람들에 따르면, 영역과 공간space은 사회계급과 관계 속에서 만들어지고, 이것이 지배공간과 저항공간을 생성하는 것으로 본다. 영역에 관한 대립은 경제, 사회, 정치, 문화, 이론, 이데올로기 등 거의 모든 차원에서 이루어진다. 농촌지역의 경우, 풀뿌리 사회운동 진영은 농기업, 광산기업, 자원수탈형 자본주의 및 정부 내 조력자 등의 진영과 물질적 영역과 비물질적 영역을 놓고 대립하게 된다(Fernandes 2009, 2008a, b; Rosset and Martínez-Torres 2012).

물질적 영역에 대한 대립은 토지를 비롯한 물리적 영역에 대한 접근, 통제, 이용, 형성, 구성과 관련된 투쟁을 의미한다. 비물질적 영역은 관념이나 이론적 구축물의 영역을 의미하는데, 비물질적 영역에 대한 대립은 물질적인 영역에서의 대립과 연결될 수밖에 없다. 실체를 갖고 존재하는 영역과 거기에 포함된 자원은 이데올로기와 사상의 공간 등 비물질적인 영역과 연관되어 대립하게 된다. 비물질적인 영역에서의 논쟁은 개념, 이론, 패러다임 및 해석을 공식화하고 이를 지킨다는 특징을 가지고 있다. 따라서 개념을 정의하고 내용을 해석하고 결정하는 힘은 그 자체로 논쟁적인 영역이다. 로셋과 마르티네스-토레스, 히랄도는 생태농업 자체가 물질적("실천(영농)으로서의 생태농업") 영역이면서 비물질적("해석의 틀로서의 생태농업") 영역이므로, 생태농업은 논쟁적인 지형terrain 또는 영역이라고 주장한다(Rosset and Martínez-Torres 2012; Martínez-Torres and Rosset 2014; Giraldo and Rosset 2016, 2017). 이 장에서는 이 대립이 심화되는 과정을 실제의 상황을 통해 살펴보고자 한다.

생태농업에 관한 논쟁

생태농업은 세계의 농업을 총괄하는 주류 기구들로부터 무시, 조롱을 당하거나 배제되기까지 했지만, 녹색혁명으로 인한 위기를 해결할 수 있는 대안 중의 하나로 인식될 정도로 변했다. 이것은 놀라운 일이다. 최근까지 전 세계적으로 농업정책을 주도해온 기구들은 농생태학을 과학적 탐구 영역이나 사회적 실천 및 운동으로 인식하지 않았다(Wezel et al. 2009). 사실, 지난 40년 동안 생태농업을 추진해온 사람들은 모든 분야에서 무시받는 것을 넘어서서 권력구조에 저항해야 했다. 그 권력구조에는 수십 년 동안 기아와 빈곤을 완화하기 위한 만병통치약으로 산업적 농업을 전 세계에 전파했던 기구도 당연히 포함된다.

그러나 2014년 로마에서 FAO가 '먹거리 보장 및 영양을 위한 생태농업에 관한 국제 심포지엄International Symposium on Agroecology for Food Security and Nutrition'을 개최한 이후 산업적 농업을 권장해왔던 몇몇 기구가 생태농업에 관심을 두고 다루기 시작하면서 상황이 급변했다(FAO 2014). 그러나 그들은 생태농업이 갖는 변혁적 잠재력에 주목하기보다는 산업적 농업이 갖지 못하는 지속가능성을 보완하기 위한 기술적 선택지로 간주했기에(LVC 2015a), 실질적인 협력은 위협받고 있다.

이 새로운 상황은 생태농업을 옹호하는 사람들에게 딜레마가 되었다. 즉, 주류의 산업적 농업모델의 일부로 포획될 것인가, 아니면 산업적 농업모델을 전환시킬 정치적 기회로 활용할 것인가의 기로에 있는 것이다(Levidow, Pimbert and Vanloqueren 2014; Holt-Giménez and Altieri 2016). 주류 기구들은 단일체가 아니며 내부 토론을 허용하지만, 여기에서는 두 진영 간의 대립으로 단순화해서 파악해보자. 한편에는 정부기관, 국제기구, 민간기업 등이 있고, 다른 한편에는 생태농업을 시스템 변혁에 관한 것으로 파악

<표 5-1> 고수인가, 전환인가

진영	주류 기구	시민사회
비전	농생태학을 산업적 농업의 미세조정을 위한 더 나은 도구를 제공할 것으로 보면서, 단작 재배와 투입재 의존, 권력의 구조는 그대로 고수함.	농생태학을 산업적 농업의 대안으로 보면서, 단작 재배와 투입재 의존, 현재의 권력구조에 도전하고 전환하기 위한 투쟁의 일환으로 봄.
주체	세계은행, 정부, 많은 대규모 비정부조직, 민간 부문, 농과대학	IPC, LVC, MAELA, SOCIA 등의 사회운동 진영과 그 연대세력
사례	기후 스마트 농업, 지속가능 혹은 생태적 집약화, Save and Grow(FAO) 산업적 유기농 최소경운(제초제 사용), 환경보전형 농업, "농업-생태학agro-ecology" 등	농민의 생태농업, 자연농법, 생태적 농업 또는 생물학적 농법, 농민의 유기농업, 저투입, 퍼머컬처, 바이오집약, 전통적 농민 또는 토착농업 등

자료: Giraldo and Rosset 2017

하는 사회운동, 과학자, 비정부조직 등이 있다(표 5-1). 만일 생태농업이 주류의 손으로 넘어가면 가장 단순한 기술적 내용을 제외한 모든 것은 제거될 수 있다. 수십 년 전 제출된 개념인 '지속가능한 개발'에서 일어났던 것처럼, 구체성 없이, 모든 사람에게 거의 모든 것을 의미하는 공허한 개념으로 남겨질 수도 있다는 것이 문제다(Lélé 1991).

2014년 로마에서 공개적으로 글로벌 심포지엄을 개최한 이후, 2015년과 2016년에 대륙과 지역 차원의 포럼에서 드러난 FAO의 방식을 2015년에 말리의 닐레니에서 개최된 국제생태농업포럼과 그 전후의 경과를 비교해 검토하면 생태농업을 둘러싼 두 진영 간의 명확한 차이를 확인할 수 있다. 닐레니 포럼은 사회운동 및 기타 시민사회조직을 대표하는 국제식량주권기획위원회 International Planning Committee for Food Sovereignty(이하 IPC)가 조직한 것인데, IPC는 FAO의 세계식량정상회의에서 식량주권을 추동하도록 설득하고 있다. 닐레니에서 "농민, 선주민 및 공동체(수렵 및 채집인 포함), 가족농, 농촌노동자, 목축민, 어민, 도시민을 포함한 소규모 먹거리 생산자와 소비자의 다양한 조직과 국제운동을 대표하는 대표자들이 … 함께 모여서 … 생태농업이 식량주권 구축에서 핵심적 요소라는 공통된 이해에 도달했으며, 생태농업을 장려하고 지키기 위한 공동전략을 개발하게 되었다"(LVC 2015a).

따라서 FAO가 생태농업을 논의하기 시작하면서 더 큰 논쟁의 장이 만들어졌다. 프랑스와 브라질 정부는 (생태농업에 대한 매우 다른 개념을 갖고 있음에도 불구하고) 초기의 생태농업에 대한 논의를 지지했지만, 미국과 그 동맹국들은 국제 심포지엄 개최에 반대했다. 논의를 계속 진행한 결과, 심포지엄에서 공공정책과 관련된 모든 내용이 제외되었다. 특히 무역정책, GMO에 대한 논의, 심지어 '식량주권'이라는 용어조차 사용을 금지했고, 프로그램은 생태농업의 기술적 측면으로 한정되었다. 다행히 FAO 내의 협력자들 덕분에 시민사회가 참여할 수 있는 기회를 얻었다 (Nicholls 2014; Giraldo and Rosset 2016).

결국 최종보고서에는 농민조직, 비정부조직, 학계의 의견이 최소한으로 반영되었고, 농기업모델에 관한 비판을 표명하는 데에만 성공했다(FAO 2015). 심포지엄 이후, 일본, 알제리, 프랑스, 코스타리카, 브라질의 농업부 장관들, 유럽연합의 농업 및 농촌 담당 위원장, FAO의 사무총장이 발표한 공식성명은 생태농업이 유효한 선택지이며, 지원을 받아야 한다고 밝혔다. 그러나 그들은 지속가능한 집약화(Scoones 2014), 기후 스마트 농업(Delvaux et al. 2014; Pimbert 2015) 및 GMO(Nicholls 2014; Giraldo and Rosset 2016) 같은 다른 접근 방식도 고려되어야 한다고 판단했다.[1]

닐레니에서 IPC에 속한 사회운동 및 시민사회 조직들—비아 캄페시나, 말리 전국농민조직조정기구National Coordination of Peasants' Organizations of Mali, 라틴아메리카 및 카리브 해 생태농업운동Latin American and Caribbean Agroecology Movement, 라틴아메리카 생태농업학회Latin American Scientific Society for Agroecology 등—은 주류 기구들이 산업적 먹거리 생산모델이 활용할 수 있는 일련의 환경기술 정도로 생태농업을 축소하려는 움직임에 반대한다는 것을 공식적인 기록으로 남겼다(LVC 2015a). 농민과 가족농뿐만 아니라 선주민, 목축민, 영세어민, 도시민, 소비자 등의 대표가 모여 생태농업을 공동으로 분석한 것은 처음 있는 일이었다.

이와 유사한 경험으로 이전에 진행된 식량주권과 농업개혁을 논의하는 글로벌 포럼이 있었다(Martínez-Torres and Rosset 2014;

Rosset 2013). 서로 다른 다양한 풀뿌리 지식과 지혜, 지식의 방식 등에 관한 대화를 통해 포럼의 주요 선언에 생태농업이 무엇인지에 대한 서로 다른 비전들을 모아내는 통합 작업이 최초로 이루어졌다. 이 선언에 참여한 사회운동 진영은 문서를 통해 산업적 먹거리체계 안에 있는 농기업과 여타 주체가 사회운동 진영의 생태농업 담론을 "세탁greenwash"하려고 시도하면서 생태농업이 포획당할 위험에 빠져 있다고 경고한다. 아울러 이들은 생태농업을 산업적 단작으로 이루어지는 유기농산물과 등치되는 것을 거부하고, 민간 부문이나 주요 기구가 추진하는 동일한 방식에 대해서도 거부했다. 포럼 대표자들은 기존 권력구조에 도전해 이를 변화시키는 생태농업이 "세상을 먹여 살리는 사람들의 손에 종자, 생물다양성, 토지와 영토, 물, 지식, 문화와 공유자원을 맡기는" 매우 정치적인 풀뿌리운동이라는 점을 승인하여 발표했다.

우리는 생태농업을 바라보는 시선에서 근본적으로 차이가 있는 대립적인 두 가지 의견에 직면해 있다. 그 하나는 생태농업을 기술지향적이고, 기술중심적이며, 과학자중심적이며, 제도적인 것으로 파악하고 있으며, 다른 하나는 생태농업이 매우 정치적이며, 분배의 정의와 먹거리체계를 "민중의 방식"으로 심각하게 재고해야 한다고 주장한다.

이와 관련해 2015년 로마 심포지엄 이후에 더 광범위한 부분에 걸친 논쟁이 진행되었다. FAO 지역농생태학회의가 라틴아메리카와 카리브해 지역은 브라질리아에서, 사하라 이남 아프리카는 다카르에서, 아시아 및 태평양 지역은 방콕에서 열렸다. 이 세 가지 회의 가운데 브라질리아 회의가 사회운동 진영 입장에서 가장 큰 성과를 낳았다. 논의 과정에서 우위에 있었고, 최종문서에 자신들의 주장 대부분을 넣을 수 있었던 것이다. 그럼에도 불구하고 농기업과 GMO에 대한 명시적인 비판은 제외되었다. 이 선언은 FAO, 정부, 학계, 라틴아메리카 및 카리브 해의 지역공동체, 남미공동시장Mercosur의 가족농업사무소REAF 각 대표들에 의해 비준되었다. 이에 반해 다카르 회의와 방콕 회의에서는 더 큰 대립이 있었다. 생태농업을 생태적 집약화, 기후 스마트 농업과 동일어로 만들려는 움직임이 있었는데, 사회운동 진영은 이러한 횡포를 거부했다(Rogé, Nicholls and Altieri 2015; Nicholls 2015; Giraldo and Rosset 2016, 2017)

그 후 1~2년이 지나면서 몇 가지 사실이 분명해졌다. 생태농업은 세계 농업정책을 관장하는 기구들에 의해 처음으로 인정받게 되었고, 이후 대립하는 두 진영은 용어의 의미를 두고 전선을 형성했다. 오늘날 FAO는 로마 본부에 생태농업 사무국을 두고 있으며, 전 세계의 농업부 장관들이 "생태농업"에 관한 공공정책 초안을 만들고 있으며, 대학들은 앞다퉈 생태농업 커리큘럼을 제공하고 새로운 연구 프로그램을 시작하기 위해 노력하고 있다.[2]

이것은 매우 큰 진전이다. 생태농업에 곧 예산이 책정될 것이고, 다국적기업과 국제협력기구는 생태농업에 투자할 것이다. 이전에 생태농업을 옹호하지도 언급하지도 않았던 비정부조직과 다른 기회주의적 참여자들이 이 새로운 국제적 맥락에서 발생하는 경제적·사회적 기회의 수혜자가 되고, 대변인으로 나설 것이다(Giraldo and Rosset 2016, 2017).

이 장에서 우리는 보다 큰 제도적 공간의 대리인이라고 할 수 있는 FAO를 통해 생태농업이 주류 기구의 의제로 부상하는 과정을 설명한다. 우리는 농업자본주의에 관한 이론이 자본주의 농업의 몇 가지 모순을 설명하고 있는 것처럼, 생태농업이 어떻게, 왜 지구적 지정학에서 관심을 받게 되었는지를 살펴보고, 통상적인 개발에 대한 대안이면서 후기자본주의적인 전환에서 본질적인 요소라고 할 수 있는 생태농업을 옹호함으로써 사회운동이 어떻게 강화될 수 있었는지를 분석하고자 한다.

포획된 생태농업

히랄도와 로셋은 농기업과 금융자본이 생태농업에 큰 관심을 갖고 있다고 주장한다(Giraldo and Rosset 2016, 2017). 그 이유는 산업적 농업을 특징짓는 착취성에서 유래되는 지속적인 모순과 자본주의의 주기적 위기로부터 탈출하는 데 생태농업이 도움이 될수 있다고 보기 때문이다(Giraldo 2015). 경제 위기는 수익을 창출할 만한 매력적인 투자처를 찾지 못한 잉여자본을 만들어낸다. 전 세계 빈곤층의 제한된 구매력에 따른 과소소비와 과잉공급에 의해 발생한 위기를 모면하기 위해 경제의 금융화와 투기적 거품을 이용하기도 하지만, 이는 미봉책에 불과하다.

이를 돌파하기 위해 자본은 장기적인 해결책으로 신자유주의적 사유화 전략을 동원한다. 대다수 국가의 정부는 강탈과 약탈의 전략을 실행하면서 공공자산과 공유재화를 사기업에게 넘겨서 사적 자본의 축적 흐름에 이러한 자산이나 재화를 집어넣고있다. 이러한 과정은 마르크스가 언급한 자본의 본원적 축적을 연상시키는데, 지리학자 데이비드 하비David Harvey는 "강탈에 의한 축적" 과정으로 명명했다(Harvey 2003). 이 과정은 농민과 선주민을 포함한 정당한 소유자로부터 보상 없이 자원을 포획하는 뻔뻔한 약탈에 지나지 않는다.

2007~09년의 금융 위기로 인해 더욱 심화된 최근의 위기 상황에서 투기자본에게 새로운 방식의 축적과 투기가 필요해진 것은 의심의 여지가 없다. 이것이 국제기구들이 새롭게 생태농업을 장려하고 지원에 나서게 된 첫 번째 이유라고 할 수 있다. 오랜 기간 동안 자본은 금융시장에서 피난처를 찾는 축복을 받았지만, 이와 함께 실물경제 활동에 반드시 필요한 자연자원을 포

획하기 위한 방법을 광범하게 찾아 나섰다. 남반구 토지에 대한 수탈, 단작 작물 및 임산물, 석유, 비전통적 탄화수소non-traditional hydrocarbon* 및 광물에 대한 투자 열풍 등이 대표적인 예다(Borras et al. 2011). 자본이 종자와 농생물다양성을 상품화하려 한다는 것은 더욱 분명해지고 있다. 또한 농민과 선주민공동체의 농생태적 지식을 약탈하고, 먹거리 시장과 화장품 산업 및 약리학 분야에서 농업다양성의 활용을 더욱 확대하고, 탄소 배출권과 산림 협정을 통해 신자유주의 방식의 이익을 창출하고, 대형마트에서 "농생태적"이라고 새롭게 이름을 붙인 산업화된 유기농 제품 시장을 확대하여 이윤을 얻고자 하는 것도 분명하다. 자본의 이러한 목표는 농민과 선주민의 공동의 재화를 사적 재산권으로 전환하고, 지역공동체를 그들 삶의 물질적·상징적 조건으로부터 분리하는 데 있다. 그래서 결국 농민과 선주민이 시장에 기반을 둔 네트워크의 바깥에서는 살아가는 것이 불가능하게 만든다 (Giraldo and Rosset 2016, 2017; Levidow, Pimbert and Vanloqueren 2014; LVC 2016).

세계적인 자본주의 위기를 계기로, 자본은 수천 년에 걸쳐 사람들이 생태계를 전환하여 만들어놓은 다양한 실천의 집합체

---

* 셰일층에 매장된 탄화수소와 같이 넓은 지역에 걸쳐 집적된다는 점에서 석탄, 석유, 가스 등 전통적 탄화수소와 큰 차이가 있다.

인 생태농업을 자신들의 글로벌 축적체계 안에 넣으려 시도하고 있다. 이는 자본주의의 패권에 대한 대안을 주장하는 사회운동의 요구를 달래가면서 생태농업의 반체제적인 내용을 파악해서 억압하고 장악하는 것보다 훨씬 좋은 방법이다. 이런 이유로 자본은 생태농업을 한 귀퉁이로 몰아붙이는 것은 자제하면서, 농민, 목축민, 가족농, 어민을 계속 자신들의 통제하에 두면서 기업 경제와 연결함으로써 축적에 활용하려고 노력하고 있다.

이는 본질적으로는 적어도 고전적 방식의 직접적인 생산지배는 아니다. 이들 집단은 농업 관련 산업과는 직접적인 이해관계가 없는 지역에 작물을 심고, 목축하고, 어업을 한다. 그래서 자본은 농민들을 살던 곳에서 이주시키지 않고 계약농업을 통해 먼 거리의 시장에 공급하게 하는 탈영역화가 더 실용적이며, 이것이 예외적으로 높은 초과이윤을 얻을 수 있는 유용한 방법이라는 것을 발견했다(Giraldo 2015). 자본의 입장에서 이윤을 얻을 수 있는 경제적 영역을 만들어내기 위해서라면 강탈에 의한 축적이라는 수단도 전략적으로 동원한다.

현재 세계 식량의 70%를 소규모 농가가 생산하며 이들 중 다수가 생태농업을 실천하고 있는 상황에서, 이들을 자본주의적 축적에서 배제하는 것은 자본의 입장에서는 낭비다. 한계지를 자본집약적 단작으로 전환하는 것이 사실상 불가능하다는 점을 고려할 때, 생태농업의 상업화는 그 토지를 지배하는 뛰어난 방법이 될 수 있으며, 이는 막대한 지대(초과이윤—옮긴이)의 원천이 될 수 있다(Giraldo and Rosset 2016, 2017).

주류 기구들이 최근 자신들의 의제에 생태농업을 포함시키는 데 관심을 보인 이유는 자본주의의 두 번째 모순에 관한 마르크스주의의 해석*으로 설명할 수 있다. 농업기술의 발전[3]으로 인한 신진대사의 균열에 관한 마르크스의 관찰로부터 도출된 이 모순은 자본주의가 사용하는 기술이 자연발생적 생산조건**을 악화시켜 자본의 이윤 창출을 어렵게 만든다는 사실을 강조한다(Martinez-Alier 2011; O'Connor 1998).

농기업이 지속적으로 추구하는 생산량 증가, 수확량 증가 및 효율성 향상은 역설적으로 수확량 정체로 연결되며(Ray et al. 2012), 심지어 녹색혁명이 처음 시행된 지역에서조차 전반적인 감소가 나타나고 있다(Pingali, Hossain and Gerpacio 1997). 추가로 토양의 침식, 압축, 염류화 및 살균(Kotschi 2013), 농생태계의 기능적 생물다양성 손실, 살충제에 대한 저항성과 화학비료의 효과

* 생산력과 생산관계 사이의 기본적 모순으로부터 오코너O'Connor는 자본의 첫 번째 모순을 한편에서의 자본의 축적과 다른 한편에서의 빈곤(실업)의 확산으로 인해 발생하는 이윤율의 저하로 보았고, "자본축적의 위기에 따른 환경파괴의 가속화"라는 자본의 두 번째 모순으로 인해 지구 전체가 위험을 받는다고 보았다.

** 마르크스는 생산을 노동과 생산수단이 결합되는 과정으로 보았다. 아울러 생산이 이루어지기 위해서는 자연발생적 생산조건인 환경, 지역의 기반시설이 필요하다고 보았으며, 자연발생적 생산조건에서 토양의 비옥도를 중요하게 지적했다.

저하가 나타난다. 농기업의 과잉생산성 경향은 자체 생산기반을 위협하고 농업과 먹거리체계의 위협이 된다(Leff 1986, 2004).

농업자본주의가 생태계를 단순화하고, 과도한 착취로 토양비옥도가 악화되고, 물이 오염되고, 온실가스가 대기 중으로 배출됨으로써 생산의 생태적 조건이라는 측면에서 자멸적이라는 것이 점점 더 분명해지고 있다. 이는 경제적으로 볼 때, 생산비의 증가로 인한 이윤 감소, 즉 자본의 이윤율이 낮아지는 위기를 의미한다. 예를 들어, 과거의 수확량을 유지하려면 점점 더 많은 양의 비료와 살충제를 사용해야 한다. 환경이 파괴되는 것을 이 체계 자체의 기술적 수정으로 막는 것은 불가능하지만, 지속되는 위기로 농업자본이 생산비를 낮추고 생산성을 향상하기 위한 구조조정과 변화를 꾀할 수 있는 기회가 만들어졌다고 할 수 있다.

제임스 오코너James O'Connor가 말했듯이, 자본주의는 위기에 취약하기도 하지만, 한편에서 이 위기는 구조조정을 위해서도 필요하다(O'Connor 1998). 현재 농업자본주의는 국가와 다국적 기구가 제공하는 약간의 도움을 이용해 자신에게 유리한 방향으로 위기를 해소하기 위한 전환을 시도하고 있다. 진행 중인 변화에는 생산조건을 재설정하는 데 도움이 될 수 있는 기술적 선택지로서 생태농업의 요소를 포획하는 것도 포함된다. 이는 물론, 산업적 농업체계의 지속가능성 저하라는 당면한 우려를 해소하기 위한 기술적인 해결책의 모색이라고 할 수 있다. 그러나 미세조정에 대한 필요성을 넘어서서 기후 스마트 농업, 지속가능한 집약화, 상업적 투입에 기반한 유기농, 가뭄 저항성 GMO, '새로운 녹색혁명', 정밀농업 등으로 '위장한' 농기업으로 나아가려는 일반적인 움직임이 있다(Pimber 2015; Patel 2013).

더욱이 자본주의적 농기업은 자신이 의존하고 있는 천연자원의 기반을 파괴하는 경향으로 인해 발생한 자신들의 위기를 새로운 사업 기회의 창출과 확장의 기회로 삼기도 한다. 이는 미래의 '생태농업 투입재 산업' 또는 수출 틈새시장을 위한 단작 재배된 유기농산물이 될 수도 있고, 환경악화로 대두된 탄소 배출권 판매를 통해 소득을 창출하여 이윤을 내부화하는 메커니즘이나 생태관광 및 바이오 상거래 기업이 될 수도 있다. 기업가적 사고 방식으로 생태농업을 실천하는 농민이나 농가와의 계약재배를 통해 유연성을 높이고 노동비용을 낮출 수도 있고, 자본주의적 가치사슬 공급방식에 맞춰서 유연성을 높이고 노동비용을 낮출 수도 있다(Giraldo and Rosset 2016, 2017).

요약하면, 자본주의적 농기업은 환경파괴를 이윤 개선, 비용 절감, 새로운 소비재 창출 및 생산조건 재구축을 위한 구조조정에 초점을 맞추고, 대규모 자본을 동원하는 새로운 수단을 창출하는 기회로 활용한다(O'Connor 1998). 따라서 FAO가 담론의 일부로 생태농업을 포함하는 것을 허용한 이유가 부분적으로는 최근에 강탈에 의한 축적전략이 강화된 결과이기도 하고, 농기업

자신의 내적인 모순에 의해 발생한 위기 속에서 자신을 재편하려는 시도의 결과로 나타난 변화로도 해석할 수 있다(Giraldo and Rosset 2016, 2017).

농업자본주의는 일반적으로 기술을 이용하는 사람이 정작 그 기술이 어떻게 설계되고 만들어지는지에 관한 지식은 갖지 못하도록 차단한다. 이는 기술을 이용하는 사람들이 특정 형태로 스스로 조직하지 못하게 하는 강력한 방법이기도 하다(Harvey 2003). 이런 이유로 생태농업은 CAC운동 등의 방식으로 이에 도전한다(Vásquez and Rivas 2006; Holt-Giménez 2006; Rosset at al. 2011; Machín Sosa et al. 2013). CAC운동에서 생산자는 수평적 대화와 사례교육을 통해 자신들의 지혜를 전파하는 실험자이기도 하다.

그러나 제도화된 생태농업 프로젝트가 공공정책에 의해 추진되면 이런 형태의 운동은 대상화되고, 전문가에 의해 좌지우지될 가능성이 높아지게 된다. 농민운동은 완전히 고립된 모습을 보이기보다는 항상 외부와의 동맹을 통해 도움을 받은 것이 사실이지만, 개발이라는 것은 외부 기구의 통제를 강화하도록 설계되었다는 점을 기억해야 한다. 개발은 "무지한 사람들"을 구원하고 가르친다는 선의로 포장하고, 아이들을 지도하려는 어른들처럼 시간과 일상활동을 완전히 통제하려 한다. 개발이라는 수많은 프로젝트를 통해 사람들을 전문 지식의 표적으로 삼고, 공동체의 창의성을 박탈하고, 사회적 상상력을 약화시키고, 지식을 강요하고, 예상되는 방식의 생산 및 소비를 명령한다(Illich 2006).

투입재의 대체—유기살충제, 유기고형물, 기타 대체물질이지만 여전히 상업적인 투입재—를 통해 생태농업의 산업적 식민지화는 달성될 것이다(Rosset and Altieri 1997). 그렇게 되면 시장의 수요와 이윤동기에 반응하여 모든 존재를 결정짓는 자본주의적 합리성은 그대로 유지된다(Polanyi 1957). 수십 년 동안 개발 프로그램과 프로젝트는 이런 식으로 작업을 수행해왔다. 농업부 장관이 생태농업을 활용하고 이를 신자유주의 정부 또는 진보 정부의 국가 계획에 포함한다고 해도 이 중 어떤 것도 바뀔 징후는 없다(Giraldo and Rosset 2016, 2017).

위장술에 능한 자본주의는 생태농업을 이중적인 농업지정학을 정당화하는 방법으로 발견했다. 즉, 한편에서는 어렵게 발을 들여놓은 지속가능성과 책임 있는 투자라는 새로운 담론을 이용해 농기업의 재편을 시도하면서, 다른 한편에서는 생태농업에 기초한 농민농업을 장려하면서 농업 관련 기업, "대안적" 투입재의 공급자, 계약재배 또는 다른 형태의 상업적 사슬에 참여하는 형태로 파트너십 협정을 맺어 생태농업을 시장경제와 묶으려 한다(Patel 2013). 의심할 바 없이 위장한 담론은 자본주의적 농업기술이 자본의 경제적·생태학적 지속가능성의 원천을 파괴하고 있다는 수많은 증거에 맞서는 강력한 정당화 전술이다. 아마도 우리는 녹색혁명이 자신을 합법화하기 위해 사회적 포용, 건강한 음식, 어머니 지구의 보호에 기반을 둔 생태농업의 담론을 새로운, 더욱 '녹색'적인 변장을 시도하는 새로운 단계의 시작을 목격하고 있는지도 모른다(Giraldo and Rosset 2016, 2017).

정치적 생태농업과 사회운동

생태농업을 어떻게 정의할 것인가의 논쟁은 최소한 두 세력 사이에서 시작되었다는 점은 명확하다. 논쟁의 결과는 논쟁이 일어나는 장소의 권력 균형, 소위 개발이라는 지침에서 벗어나려는 사회운동의 능력 등에 좌우될 것이다. 문명의 위기를 설명하는 근본적인 대안으로서 생태농업이라는 개념을 매우 넓게 정의하는 것에 비판의 목소리를 내야 하는 것처럼, 경제적 합리성과 진보의 상상으로만 생태농업을 좁게 한정하는 것에 대해서도 비판적인 의견을 내야 할 상황에 놓여 있다.

생태농업을 모조품으로 만들어 포섭하려는 새로운 시도를 막아내기 위해서는 라틴아메리카에서 '좋은 삶buen vivir'이라고 불리는 것과 유사한 정치적 비전과 전략을 지켜내는 것이 요구된다. 여기에는 외부 기관의 통제에 저항하고, 자율적인 생태농업을 실천하고, 동시에 자신들에게 직접적인 영향을 주는 문제들을 당연하게 책임지는 것도 포함된다(Giraldo 2014; Giraldo and Rosset

2016, 2017).

영역 수준에서는 생태농업을 확장하기 위해 사회운동과 풀뿌리조직이 의도적인 조직화 과정을 만들어내야 한다(Rosset et al. 2011; Khadse et al. 2017; McCune, Reardon and Rosset 2014, 2016; Rosset 2015b). 토지를 확보하고 토지 수탈자로부터 영역을 방어하기 위해 투쟁해야 한다(Rosset 2013). 또한 농생태적 전환의 과정을 위해서는, 그리고 자신들의 진정한 영역을 방어하고 전환하기 위한 비물질적 투쟁을 위해서는 농민 구성원 모두에게 동기를 부여하는 강력한 이미지—프레임의 동원—를 구축하지 않으면 안 된다(Rosset and Martínez-Torres 2012; Martínez-Torres and Rosset 2014).

생태농업의 영역을 지켜내기 위해서는 기술적인 수정이나 일률적인 모델을 강요하는 시도를 거부하고, 생산과 소비뿐만 아니라 존재하는 모든 방식을 다양화해야 한다. 동시에 개발 프로젝트와는 다르게 집단적 창의성과 사회적 독창성을 동원하는 생태농업의 힘을 키우지 않으면 안 된다. 멕시코 사파티스타의 말을 인용하자면, 우리는 개인의 창의적 능력을 빼앗는 개발 사고방식에 기반을 둔 하나의 세계를 거부하면서, 서로에게서 배우는 수많은 세계를 활성화해야 한다(Rosset and Martínez-Torres 2012; Martínez-Torres and Rosset 2014).

생태농업은 상대적으로 자치에 기여하는 방식으로 이루어지기 때문에 정부 프로그램 및 프로젝트 내에서 이루어지는 종속적인 관계와는 반대된다. 문화적 창의성과 특정 지역의 생태계 질서에 기반을 둔 생활양식들이야말로 공동체의 관계를 개선하고, 상호 지원을 긴밀하게 하며, 사람들의 삶에 대한 통제력을 높이고, 모든 도구를 생산자의 통제하에 두고 진정한 생태농업을 장려한다는 점에서 기존의 개발 패러다임과는 정반대에 있다고 할 수 있다(Giraldo and Rosset 2016, 2017).

주류 기구에 의한 약탈과 포획으로부터 생태농업을 지킨다는 것은 신자유주의적인 경제적·과학적 지침에 기초해서 생산성, 수확량, 경쟁력이라는 주제로 생태농업을 축소하는 협소한 경제주의를 거부하는 것을 의미한다. 이는 생태농업을 재구성할 때, 사람들의 세계관과 그들의 상징적 이해의 형태와 상호관계, 존재 및 재존재re-existing 방식을 이 지구상에서 살아가는 방식과 연관 짓는 적극적인 사고와 연결되는 것이기도 하다.

생태농업은 농민이 그러한 것처럼 생산방식 그 이상으로 이 세상에서 존재하는 방식이고, 이해하는 방식이고, 살아가는 방식이고, 느끼는 방식이다(Fals Borda 2009; da Silva 2014). 지역의 지혜를 복원해 서로 나누고, 문제가 발생하면 공동체의 새로운 지식으로 만들어내고, 생명의 재생에 적합한 조건에 맞춰 생태계 전환을 촉진하는 것은 자본주의와는 다른 사회적 관계다(da Silva 2014). 비아 캄페시나는 다음과 같이 썼다.

우리의 모델은 농민이 있는 농촌, 가족이 있는 농촌공동체, 나무와 숲, 산, 호수, 강과 해안선이 있는 영역의 '살림의 모델'이다. 우리의 모델은 농기업의 '죽임의 모델', 즉 농민과 가족이 없는, 산업적 단작과 나무가 없는 농촌지역, 푸른 사막, 화학적 살충제와 GMO로 오염된 땅의 모델과 확고하게 대립한다. 우리는 땅과 영역을 두고 자본, 농기업에 적극적으로 도전하고 있다(LVC 2015b).

우리는 생태농업을 탈식민화할 필요가 있고(Rivera Cusicanqui 2010), 현재 전 지구적으로 지대 추구*에 혈안이 되어 자원을 강탈하는 자본주의 메커니즘에 저항해야 한다. 생태농업을 방어하려면 공유자원에 대한 분별력을 회복할 필요가 있다(Giraldo 2016). 이는 농기업모델과 대규모 토지 소유, 경제적 세계화를 지속적으로 거부하는 동시에 생산, 유통 및 소비에 대한 통제권을 확보할 목적으로 새로운 지리적 공간으로 확장하려는 자본의 시도로부터 영역을 방어하는 것을 함축한다.

그러나 공유화 혹은 공유자원의 확대가 모든 물질적·문화적 존재방식을 공동체가 단독으로 지배하는 것만 의미하는 것은 아니다. 풀뿌리 생태농업을 지지하는 사람들은 자신들이 장려하

---

* 농업정치경제학에서는 지대를 토지 소유라는 관계로부터 발생하는 초과이윤으로 보는데, 부등가교환, 담합, 제도적 폭력이나 강탈 등에 의존해 초과이윤을 확보하는 행위다.

는 기술적 도구에 대해 심각하게 고민할 필요가 있다. 도구가 집단 모두에게 도움이 될 것인가? 아니면 투입재의 외부 공급자에 대한 의존도를 심화시켜 부채 증가로 인한 위험을 높이고 착취의 구조를 유지하면서 사람들을 계속 기술의 노예로 만드는 투입 재로 대체하는 구조를 만들 것인가(Rosset and Altieri 1997; Khadse et al. 2017)? 이것이 바로 주류의 기구들이 생태농업을 탈정치화해서 개발 전문 용어와 실천으로 통합하려는 시도이기도 하고, 주요한 쟁점이기도 하다.

  FAO와 개발기구들이 생태농업에 관심을 갖고 있는 만큼 사회운동 진영은 자신들의 요구를 표명할 좋은 기회로 활용할 수도 있을 것이다. 지난 50년 이상의 기간 동안 보조금, 신용, 확장 프로그램 및 모든 인센티브 등을 매개로 농촌개발 패러다임을 확산하면서 산업적 농기업과 녹색혁명 기술의 확산을 지원해온 제도적 체계가 앞으로도 계속된다면, 생태농업을 확장하는 것은 불가능할 것이다. 이제 FAO가 생태농업을 공식적으로 '승인'했고, 대학들은 이미 교육과정에 농생태학을 추가하려고 바삐 움직이며, 각국 농업부는 생태농업 생산과 '농생태적' 투입재('투입 재의 대체'와 헷갈리지 말 것!)에 관한 연구와 함께 기술보급, 신용, 보조금 등 생태농업 프로그램을 만들고 있다. 그러면 어떤 생태농업을 가르칠 것인가? 그리고 어떤 농민과 어떤 소비자가 새로운 공공정책의 혜택을 받게 될 것인가?

세계의 농업구조가 생태농업으로 이동하는 길이 마침내 명확해졌다는 순진한 믿음을 경계해야 한다. 사회운동 진영은 제도화된 생태농업에서 진행될 공공 프로그램이나 프로젝트, 민간 부문의 파트너십과 계약에 과도하게 의존하지 않도록 경계해야 한다(Giraldo and Rosset 2016, 2017).

이제 운동을 외면할 수 없는 시점에 있다. 생태농업과 관련된 토론에 참여하기를 거부한다면 자본이 자신의 생산조건을 일시적으로 재구조화하면서 강탈을 통한 만성적 과잉축적 위기의 극복이라는 해결책을 찾는 데 도움을 줄 뿐이다. 지금은 자본이 생태농업을 포획하는 것을 거부하고, 닐레니에서 열린 생태농업을 위한 국제포럼에서 제기된 노선에 따라 정치력을 재배치하고, 투쟁의 전제를 새롭게 구상하고, 투쟁의 방식도 새롭게 하고, 흩어진 조직을 하나로 모으고, 대안의 의미를 새롭게 정의할 절호의 기회다.

자본이 모든 것을 집어삼키고, 모든 공간적 보루와 인간을 자본축적의 순환 속으로 끌어들이려 시도하는 것은 가장 큰 모순 중 하나다. 그런 시도가 궁극적으로는 사람들의 저항의지를 강화하기 때문이다. 실제로 자본의 의도와는 반대되는 결과를 낳기도 한다. 사람들은 자신들의 역량을 동원하고, 자신들의 자연 자원을 다시 찾아오고, 자신들의 문화를 재평가하고, 생태농업의 영역화를 목표로 효과적인 사회적 과정을 구축하기 위한 노력을 강화해왔다(Giraldo and Rosset 2016, 2017). 주류 기구들은 무익한, 기술중심적인, **비정치적인** 생태농업을 권장하고 있다. 따라서 지금이야말로 사회운동이 진정한 **정치적** 생태농업을 옹호하지 않으면 안 된다(Calle Collado, Gallar and Candón 2013).

---

1 GMO와 생태농업에서 제기되는 문제에 대한 논의는 Altieri and Rosset (1999a, b), Altieri(2005) 그리고 Rosset(2005)을 참고할 것.

2 FAO 생태농업 사무국의 직원은 대체적으로 생태농업의 사회운동적인 비전에 공감하는 좋은 의도를 갖고 있는 사람들인데, 산업적 농업과 기후 스마트 농업과 같은 '가벼운' 대안을 지속적으로 추진하고 있는 조직과 싸워야 하는 소수에 속한다(Pimbert 2015).

3 "자본주의적 농업의 진보는 그 어느 것이나 노동자를 약탈하는 기술상의 진보일 뿐만 아니라 또한 토지를 약탈하는 기술상의 진보이며, 특정한 기간에 토양의 비옥도를 높이는 진보는 그 어느 것이나 이 비옥도의 항구적 원천을 파괴하는 진보다. … 그러므로 자본주의적 생산은 모든 부의 원천인 토지와 노동자를 파멸시킴으로써만 생산기술이나 사회적 생산 과정의 결합을 발전시킨다"(Marx 1946: 423-24[*]; Foster 2000; Martinez-Alier 2011 참고).

[*] 김수행 옮김,《자본론》1권(하), 비봉출판사, 1993, 635~636쪽.

참고문헌

서장

Altieri, M.A. 1995. *Agroecology: The Science of Sustainable Agriculture.* Boulder, CO: Westview Press.

_____. 2005. "The myth of coexistence: Why transgenic crops are not compatible with agroecologically based systems of production." *Bulletin of Science, Technology & Society* 25, 4: 361-371.

Altieri, M.A., and P. Rosset. 1996. "Agroecology and the conversion of lárgescale conventional systems to sustainable management." *International Journal of Environmental Studies* 50, 3-4: 165-185.

_____. 1999a. "Ten reasons why biotechnology will not ensure food security, protect the environment and reduce poverty in the developing world." *AgBioForum* 2, 3/4: 155-162.

_____. 1999b. "Strengthening the case for why biotechnology will not help the developing world: A response to MacGloughlin." *AgBioForum* 2, 3/4: 226-236.

Carroll, C.R., J.H. Vandermeer and P.M. Rosset. 1990. *Agroecology.* New York: McGraw-Hill.

Delvaux, François, Meera Ghani, Giulia Bondi and Kate Durbin. 2014. *"Climate-Smart Agriculture": The Emperor's New Clothes?* Brussels: CIDSE.

ETC Group. 2009. "Who will feed us? Questions for the food and climate crisis." ETC Group Comunique #102.

_____. 2014. *With Climate Chaos, Who Will Feed Us? The Industrial Food*

Chain or the Peasant Food Web? Ottawa: ETC Group.

FAO (Food and Agriculture Organization of the U.N.). 2014. "International Symposium on Agroecology for Food Security and Nutrition." ⟨http:// www.fao.org/about/meetings/afns/en/⟩.

_____. 2015. *Final Report for the International Symposium on Agroecology for Food Security and Nutrition*. Roma: FAO.

Giraldo, O.F., and P.M. Rosset. 2016. "La agroecología en una encrucijada: entre la institucionalidad y los movimientos sociales." *Guaju* 2, 1: 14-37.

_____. 2017. "Agroecology as a territory in dispute: Between institutionality and social movements." *Journal of Peasant Studies*. [online] DOI: 10.1080/03066150.2017.1353496.

Gliessman, S.R. 1998. *Agroecology: Ecological Processes in Sustainable Agriculture*. Chelsea, MI: Ann Arbor Press.

IPC (International Planning Committee for Food Sovereignty). 2015. "Report of the International Forum for Agroecology, Nyéléni, Mali, 24-27 February 2015." ⟨http://www.foodsovereignty.org/wp-content/uploads/2015/10/ NYELENI-2015-ENGLISH-FINAL-WEB.pdf⟩.

Lappé, F.M., J. Collins and P. Rosset. 1998. *World Hunger: Twelve Myths*, second edition. New York: Grove Press.

Patel, Raj. 2007. *Stuffed and Starved: Markets, Power and the Hidden Battle for the World Food System*. London: Portobello Books.

_____. 2013. "The long green revolution." *Journal of Peasant Studies* 40, 1: 1-63.

Pimbert, M. 2015. "Agroecology as an alternative vision to conventional development and climate-smart agriculture." *Development* 58, 2-3: 286-298.

Rosset, P.M. 2005. "Transgenic crops to address Third World hunger? A critical analysis." *Bulletin of Science, Technology & Society* 25, 4: 306-313.

Scoones, Ian. 2014. "Sustainable intensification: A new buzzword to feed the world?" Zimbabweland. ⟨https://zimbabweland.wordpress. com/2014/06/16/sustainable-intensification-a-new-buzzword-tofeed-the-world/⟩.

Wezel, A., S. Bellon, T. Doré et al. 2009. "Agroecology as a science, a movement, and a practice." *Agronomy for Sustainable Development* 29, 4: 503-515. ⟨http://dx.doi.org/10.1051/agro/2009004⟩.

제1장

Altieri, M.A. 1995. *Agroecology: The Science of Sustainable Agriculture.* Boulder, CO: Westview Press.

_____. 2002. "Agroecology: The science of natural resource management for poor farmers in marginal environments." *Agriculture, Ecosystems and Environment* 93: 1-24.

_____. 2004a. "Linking ecologists and traditional farmers in the search for sustainable agriculture." *Frontiers in Ecology and the Environment* 2: 35-42.

Altieri, M.A., M.K. Anderson, and L.C. Merrick. 1987. "Peasant agriculture and the conservation of crop and wild plant conservation." *Biology* 1: 49-58.

Altieri, M.A., C.I. Nicholls, A. Henao and M.A. Lana. 2015. "Agroecology and the design of climate change-resilient farming systems." *Agronomy for Sustainable Development* 35: 869-890.

Altieri, M.A., and C.I. Nicholls. 2004. *Biodiversity and Pest Management in Agroecosystems*, 2nd edition. Binghamton, NY: Harworth Press.

Andow, D.A., and K. Hidaka. 1989. "Experimental natural history of sustainable agriculture: Syndromes of production." *Agriculture, Ecosystems and Environment* 27: 447-462.

Badgley, C., J.K. Moghtader, E. Quintero, et al. 2007. "Organic agriculture and the global food supply." *Renewable Agriculture and Food Systems* 22, 2: 86-108.

Bianchi, F.J.J.A., C.J.H. Booij and T. Tscharntke. 2006. "Sustainable pest regulation in agricultural landscapes: A review on landscape composition, biodiversity and natural pest control." *Proceedings of the Royal Society* 273: 1715-1727.

Boudreau, M.A. 2013. "Diseases in intercropping systems." *Annual Review of Phytopathology* 51: 499-519.

Brokenshaw, D.W., D.M. Warren, and O. Werner. 1980. *Indigenous Knowledge Systems and Development*. Lanham, University Press of America.

Brush, S.B. 1982. "The natural and human environment of the central Andes." *Mountain Research and Development* 2, 1: 14-38.

Cabell, J.F., and M. Oelofse. 2012. "An indicator framework for assessing agroecosystem resilience." *Ecology and Society* 17: 18-23.

Clawson, D.L. 1985. "Harvest security and intraspecific diversity in traditional tropical agriculture." *Economic Botany* 39, 1: 56-67.

Corbett, A., and J.A. Rosenheim. 1996. "Impact of a natural enemy overwintering refuge and its interaction with the surrounding landscape." *Ecological Entomology* 21: 155-164.

Denevan, W.M. 1995. "Prehistoric agricultural methods as models for sustainability." *Advanced Plant Pathology* 11: 21-43.

De Walt, B.R. 1994. "Using indigenous knowledge to improve agriculture and natural resource management." *Human Organization* 53, 2: 23-131.

ETC Group. 2009. "Who will feed us? Questions for the food and climate crisis." ETC Group Comunique #102.

Ford, A., and R. Nigh. 2015. *The Mayan Forest Garden: Eight Millennia of Sustainable Cultivation of Tropical Woodlands*. Walnut Creek, CA: Left Coast Press.

Francis, C.A. 1986. *Multiple Cropping Systems*. New York, MacMillan.

Francis, C., G. Lieblein, S. Gliessman, et al. 2003. "Agroecology: The ecology of food systems." *Journal of Sustainable Agriculture* 22: 99-118.

Gliessman, S.R. 1998. *Agroecology: Ecological Processes in Sustainable Agriculture*. Chelsea, MI: Ann Arbor Press.

_____. 2010. *Agroecology: The Ecology of Sustainable Food Systems*, 2nd edition. Boca Raton, FL: CRC Press.

Hainzelin, E. 2006. *Campesino a Campesino: Voices from Latin America's Farmer to Farmer Movement for Sustainable Agriculture*. Oakland: Food First Books.

Hiddink, G.A., A.J. Termorshuizen, and A.H.C. Bruggen. 2010. "Mixed cropping and suppression of soilborne diseases." In *Genetic Engineering, Biofertilisation, Soil Quality and Organic Farming*. Sustainable

Agriculture Reviews, volume 4.

Horowith, B. 1985. "A role for intercropping in modern agriculture." *Bioscience* 35: 286-291.

Huang, C., Q.N. Liu, T. Stomph et al. 2015. *Economic Performance and Sustainability of a Novel Intercropping System on the North China Plain.* PLoS ONE.

Hudson, B. 1994. "Soil organic matter and available water capacity." *Journal of Soil and Water Conservation* 49, 2: 189-194.

Koohafkan, P., and M.A. Altieri. 2010. *Globally Important Agricultural Heritage Systems: A lLegacy for the Future.* UN-FAO, Rome.

Kremen, C., and A. Miles. 2012. "Ecosystem services in biologically diversified versus conventional farming systems: benefits, externalities, and trade-offs." *Ecology and Society* 17, 4: 1-40.

Landis, D.A., M.M. Gardiner, W. van der Werf and S.M. Swinton. 2008. "Increasing corn for biofuel production reduces biocontrol services in agricultural landscapes." *Proceedings of the National Academy of Sciences* 105: 20552-20557.

Letourneau, D.K., I. Armbrecht, B. Salguero, et al. 2011. "Does plant diversity benefit agroecosystems? A synthetic review." *Ecological Applications* 21, 1: 9-21.

Li, L., M. Li, H. Sun, et al. 2007. "Diversity enhances agricultural productivity via rhizosphere phosphorus facilitation on phosphorous-deficient soils." *Proceedings of the National Academy of Sciences* 104: 11192-11196.

Liebman, M., and E. Dyck. 1993. "Crop rotation and intercropping: Strategies for weed management." *Ecological Applications* 3, 1: 92-122.

Lin, B.B. 2011. "Resilience in agriculture through crop diversification: adaptive management for environmental change." *BioScience* 61: 183-193.

Lithourgidis, A.S., C.A. Dordas, C.A. Damalas and D.N. Vlachostergios. 2011. "Annual intercrops: An alternative pathway for sustainable agriculture." *Australian Journal of Crop Science* 5: 396-410.

Loreau, M., and C. de Mazancourt. 2013. "Biodiversity and ecosystem stability: A synthesis of underlying mechanisms." *Ecology Letters* 16: 106-115.

Loreau, M., S. Naem, P. Inchausti, et al. 2001. "Biodiversity and ecosystem functioning: Current knowledge and future challenges." *Science* 294: 804-808.

Machín Sosa, B., A.M. Roque, D.R. Ávila and P. Rosset. 2010. "Revolución agroecológica: el movimiento de Campesino a Campesino de la ANAP en Cuba." Cuando el campesino ve, hace fe. Havana, Cuba, and Jakarta, Indonesia: ANAP and La Vía Campesina. ⟨http://www.viacampesina.org/downloads/pdf/sp/2010-04-14-rev-agro.pdf⟩.

Mader, P., A. Fliessbach, D. Dubois, et al. 2002. "Soil fertility and biodiversity in organic farming." *Science* 296: 1694-1697.

Magdoff, F., and H. van Es. 2000. *Bulding Soils for Better Crops*. Beltsville, MA: Sustainable Agriculture Network.

Malezieux, E. 2012. "Designing cropping systems from nature." *Agronomy for Sustainable Development* 32: 15-29.

Marriott, E.E., and M.M. Wander. 2006. "Total and labile soil organic matter in organic and conventional farming systems." *Soil Science Society of America Journal* 70, 3: 950-959.

McRae, R.J., S.B. Hill, F.R. Mehuys and J. Henning. 1990. "Farm scale agronomic and economic conversion from conventional to sustainable agriculture." *Advances in Agronomy* 43: 155-198.

Moonen, A.C., and P. Barberi. 2008. "Functional biodiversity: An agroecosystem approach." *Agriculture, Ecosystems and Environment* 127: 7-21.

Morris, R.A., and D.P. Garrity. 1993. "Resource capture and utilization in intercropping: Water." *Field Crops Research* 34: 303-317.

Murgueitio, E., Z. Calle, F. Uribea, et al. 2011. "Native trees and shrubs for the productive rehabilitation of tropical cattle ranching lands." *Forest Ecology and Management* 261: 1654-1663.

Natarajan, M., and R.W. Willey. 1986. "The effects of water stress on yield advantages of intercropping systems." *Field Crops Research* 13: 117-131.

Nicholls, C.I., M. Parrella, and M.A. Altieri. 2001. "The effects of a vegetational corridor on the abundance and dispersal of insect biodiversity within a northern California organic vineyard." *Landscape Ecology* 16: 133-146.

Nicholls, C.I., M.A. Altieri, and L. Vazquez. 2016. "Agroecology: Principles for the conversion and redesign of farming systems." *Journal of Ecosystem and Ecography* DOI: 10.4172/2157-7625.S5-010.

Pimentel, D., P. Hepperly, J. Hanson, et al. 2005. "Environmental, energetic and economic comparisons of organic and conventional farming systems." *Bioscience* 55: 573-582.

Perfecto, I., J. Vandermeer and A. Wright. 2009. *Nature's Matrix: Linking Agriculture, Conservation and Food Sovereignty*. London: Earthscan.

Ponisio, L.C., L.K. M'Gonigle, K.C. Mace, J. Palomino, P. de Valpine and C. Kremen. 2015. "Diversification practices reduce organic to conventional yield gap." *Proceedings of the Royal Society* B 282: 1799.

Powell, J.M., R.A. Pearson, and P.H. Hiernaux. 2004. "Crop-livestock interactions in the West African drylands." *Agronomy Journal* 96, 2: 469-483.

Power, A.G., and A.S. Flecker 1996. "The role of biodiversity in tropical managed ecosystems." In G.H. Orians, R. Dirzo, J.H. Cushman (eds.), *Biodiversity and Ecosystem Processes in Tropical Forests*. New York: Springer-Verlag.

Reganold, J.P. 1995. "Soil quality and profitability of biodynamic and conventional farming systems: A review." *American Journal of Alternative Agriculture* 10: 36-46.

Rodale Institute. 2012. "The farming systems trial: Celebrating 30 years." Kutztown, PA.

Rosset, P.M. 1999b. *The Multiple Functions and Benefits of Small Farm Agriculture*. Food First Policy Brief #4. Oakland: Institute for Food and Development Policy.

Rosset, P.M., and M.A. Altieri. 1997. "Agroecology versus input substitution: A fundamental contradiction of sustainable agriculture." *Society and Natural Resources* 10: 283-295.

Rosset, P.M., B. Machín Sosa, A,M, Jaime and D.R. Lozano. 2011. "The campesino-to-campesino agroecology movement of ANAP in Cuba: social process methodology in the construction of sustainable peasant agriculture and food sovereignty." *Journal of Peasant Studies* 38, 1: 161-191.

Sanchez, P.A. 1995. "Science in agroforestry." *Agroforestry Systems* 30, 1-2: 5-55.

Swiderska, K. 2011. "The role of traditional knowledge and crop varieties in adaptation to climate change and food security in SW China, Bolivian Andes and coastal Kenya." London: IIED. ⟨http://pubs.iied.org/pdfs/G03338.pdf⟩.

Swift, M.J., and J.M. Anderson. 1993. "Biodiversity and ecosystem function in agricultural systems." In *Biodiversity and Ecosystem Function*. Berlin: Springer-Verlag.

Tilman, D., P.B. Reich and J.M.H. Knops. 2006. "Biodiversity and ecosystem stability in a decade-long grassland experiment." *Nature* 441: 629-632.

Toledo, V.M., and N. Barrera-Bassols. 2009. *La Memoria Biocultural: la importancia ecológica de las sabidurías tradicionales*. Barcelona: ICARIA Editorial.

Tonhasca, A., and D.N. Byrne. 1994. "The effects of crop diversification on herbivorous insects: A meta-analysis approach." *Ecological Entomology* 19, 3: 239-244.

Topham, M., and J.W. Beardsley. 1975. "An influence of nectar source plants on the New Guinea sugarcane weevil parasite, Lixophaga sphenophori (Villeneuve)." *Proceedings of the Hawaiian Entomological Society* 22: 145-155.

Tscharntke, Teja, Riccardo Bommarco, Yann Clough et al. 2007. "Conservation biological control and enemy diversity on a landscape scale." *Biological Control* 43, 3: 294--230.

Vandermeer, J. 1989. *The Ecology of Intercropping*. Cambridge, UK: Cambridge University Press.

Vandermeer, J., M. van Noordwijk, J. Anderson, et al. 1998. "Global change and multi-species agroecosystems: Concepts and issues." *Agriculture, Ecosystems and Environment* 67: 1-22.

Verchot, L.V., M. van Noordwijk, S. Kandji, et al. 2007. "Climate change: Linking adaptation and mitigation through agroforestry." *Mitigation and Adaptation Strategies for Global Change* 12: 901-918.

Wilken, G.C. 1987. *Good Farmers: Traditional Agricultural Resource Management in Mexico and Guatemala*. Berkeley: University of

California Press.

Willey, R.W. 1979. "Intercropping—its importance and its research needs. I. Competition and yield advantages." *Field Crop Abstracts* 32: 1-10.

Zheng, Y., and G. Deng. 1998. "Benefits analysis and comprehensive evaluation of rice-fish-duck symbiotic model." *Chinese Journal of Eco-Agriculture* 6: 48-51.

Zhu, Y., H. Fen, Y. Wang, et al. 2000. "Genetic diversity and disease control in rice." *Nature* 406: 718-772.

제2장

Altieri, M.A. 1983. "The question of small development: Who teaches whom?" *Agriculture Ecosystems and Environment* 9: 401-405.

_____. 1987. *Agroecology: The Scientific Basis of Alternative Agriculture.* Boulder, CO: Westview Press.

_____. 1995. *Agroecology: The Science of Sustainable Agriculture.* Boulder, CO: Westview Press.

_____. 1999. "Applying agroecology to enhance productivity of peasant farming systems in Latin America." *Environment, Development and Sustainability* 1: 197-217.

_____. 2002. "Agroecology: The science of natural resource management for poor farmers in marginal environments." *Agriculture, Ecosystems and Environment* 93: 1-24.

_____. 2004. "Agroecology versus Ecoagriculture: Balancing food production and biodiversity conservation in the midst of social in-equity." ⟨http://www.wildfarmalliance.org/resources/ECOAG.pdf⟩.

_____. 2005. "The myth of coexistence: Why transgenic crops are not compatible with agroecologically based systems of production." *Bulletin of Science, Technology & Society* 25, 4: 361-371.

_____. 2012. "Convergence or divide in the movement towards sustainable and just agriculture." *Sustainable Agriculture Reviews* 9.

Altieri, M.A., Andrew Kang Bartlett, Carolin Callenius, et al. 2012. *Nourishing* the World Sustainably: Scaling Up Agroecology. Geneva: Ecumenical Advocacy Alliance.

Altieri, M.A., D.K. Letourneau, and J.R. Davis. 1983. "Developing sustainable agroecosystems." *American Journal of Alternative Agriculture* 1: 89-93.

Altieri, M.A., and C.I. Nicholls. 2004. *Biodiversity and Pest Management in Agroecosystems* 2nd edition. Binghamton, NY: Harworth Press.

_____. 2008. "Scaling up agroecological approaches for food sovereignty in Latin America." *Development* 51, 4: 472-80. ⟨http://dx.doi.org/10.1057/dev.2008.68⟩.

_____. 2012. "Agroecology: Scaling up for food sovereignty and resiliency." *Sustainable Agriculture Reviews* 11.

_____. 2013. "The adaptation and mitigation potential of traditional agriculture in a changing climate." *Climatic Change*.

Altieri, M.A., C.I. Nicholls, A. Henao and M.A. Lana. 2015. "Agroecology and the design of climate change-resilient farming systems." *Agronomy for Sustainable Development* 35: 869-890.

Altieri, M.A., F. Funes-Monzote and P. Petersen. 2011. "Agroecologically efficient agricultural systems for smallholder farmers: Contributions to food sovereignty." *Agronomy for Sustainable Development* 32, 1.

Altieri, M.A., and V.M. Toledo. 2011. "The agroecological revolution in Latin America: Rescuing nature, ensuring food sovereignty and empowering peasants." *Journal of Peasant Studies* 38: 587-612.

Astier, C.M., Q. Argueta, Q. Orozco-Ramírez, et al. 2015. ""Historia de la agroecología en México." *Agroecología* 10, 2: 9-17.

Azzi, G. 1928. *Agricultural Ecology* (in Italian). Edition Tipografia Editrice Torinese, Turin.

Balfour, Lady Evelyn Barbara. 1949. *The Living Soil: Evidence of the Importance to Human Health of Soil Vitality, with Special Reference to National Planning*. London: Faber & Faber.

Bensin, B.M. 1930. "Possibilities for International Cooperation in Agro-Ecological Investigations." *Int. Rev. Agr. Mo. Bull. Agr. Sci. Pract.* (Rome) 21: 277-284.

Browning, J.A. 1975. "Relevance of knowledge about natural ecosystems to development of pest management programs for agroecosystems." *Proceedings of the American Phytopathology Society* 1: 191-194.

Carroll, C.R., J.H. Vandermeer and P.M. Rosset. 1990. *Agroecology*. New York: McGraw-Hill.

Chambers, R. 1983. *Rural Development: Putting the Last First*. Essex, Longman Group Limited.

Conway, G.R. 1986. *Agroecosystem Analysis for Research and Development*. Bangkok: Winrock International Institute.

Cross, Paul, Rhiannon Edwards, Barry Hounsome and Gareth Edwards-Jones. 2008. "Comparative assessment of migrant farm worker health in conventional and organic horticultural systems in the United Kingdom." *Science of the Total Environment* 391, 1: 55-65.

Cox, G.W., and M.D. Atkins. 1979. *Agricultural Ecology*. San Francisco, CA.: W.H. Freeman.

Dalton, G.E. 1975. *Study of Agricultural Systems*. London: Applied Sciences.

Desmarais, A.A. 2007. *La Vía Campesina: Globalization and the Power of Peasants*. Halifax, Canada: Fernwood Publishing; London, UK and Ann Arbor, MI: Pluto Press.

Dickinson, J.D. 1972. "Alternatives to monoculture in humid tropics of Latin America." *The Professional Geographer* 24: 217-232.

Douglass, G.K. 1984. *Agricultural Sustainability in a Changing World Order*. Boulder, CO: Westview Press.

Draghetti, A. 1948. *Pincipi de fisiologia dell'a fazenda agricole*. Bologna, Italy: Istituto Edizioni Agricole.

Fischer, J., D.J. Abson, V. Butsic, et al. 2014. "Land sparing versus land sharing: Moving forward." *Conservation Letters* 7, 3: 149-157.

Francis, C., G. Lieblein, S. Gliessman, et al. 2003. "Agroecology: The ecology of food systems." *Journal of Sustainable Agriculture* 22: 99-118.

Giraldo, O.F. 2014. *Utopías en la Era de la Supervivencia. Una Interpretación del Buen Vivir*. México: Editorial Itaca.

Gliessman, S.R. 1998. *Agroecology: Ecological Processes in Sustainable Agriculture*. Chelsea, MI: Ann Arbor Press.

_____. 2007. *Agroecology: The Ecology of Sustainable Food Systems*. New York:

Taylor and Francis.

Gliessman, S.R., E. Garcia, and A. Amador. 1981. "The ecological basis for the application of traditional agricultural technology in the management of tropical agro-ecosystems." *Agro-Ecosystems* 7: 173-185.

Grau, R., T. Kuemmerle and L. Macchi. 2013. "Beyond 'land sparing versus land sharing': environmental heterogeneity, globalization and the balance between agricultural production and nature conservation." *Current Opinion in Environmental Sustainability* 5: 477-483.

Grigg, D.B. 1974. *The Agricultural Systems of the World: An Evolutionary Approach.* Cambridge: Cambridge University Press.

Guthman, J. 2014. *Agrarian Dreams: The Paradox of Organic Farming in California.* Berkeley: University of California Press.

Gutteres, Ivani (ed.). 2006. *Agroecologia Militante: Contribuições de Enio Guterres.* São Paulo: Expressão Popular.

Hart, R.D. 1979. *Agroecosistemas: Conceptos Básicos.* CATIE, Turrialba, Costa Rica.

Heckman, J. 2006. "A history of organic farming: Transitions from Sir Albert Howard's War in the Soil to usda National Organic Program." *Renewable Agriculture and Food Systems* 21: 143-150.

Hecht, S.B. 1995. "The evolution of agroecological thought." In M.A. Altieri (ed.), *Agroecology: The science of sustainable agriculture.* Boulder, CO: Westview Press.

Hénin, S. 1967. "Les acquisitions techniques en production végétale et leurs applications." *Économie Rurale* 74, 1: 45-54. SFER, Paris, France.

Hernández-Xolocotzi, E. 1977. *Agroecosistemas de México: Contribuciones a la enseñanza, investigación y divulgación agrícola.* Chapingo, México: Colegio de Postgraduados.

Holt-Giménez, E. 2006. *Campesino a Campesino: Voices from Latin America's Farmer to Farmer Movement for Sustainable Agriculture.* Oakland: Food First Books.

Holt-Giménez, E., and R. Patel. 2009. *Food Rebellions: The Real Story of the World Food Crisis and What We Can Do About It.* Oxford, UK: Fahumu Books and Grassroots International.

Holt-Giménez, E. and Shattuck, A., 2011. "Food crises, food regimes and food
    movements: rumblings of reform or tides of transformation?" *Journal of
    Peasant Studies* 38(1): 109-144.

Howard, A. 1943. *An Agricultural Testament*. New York and London: Oxford
    University Press.

Howard, P.H. 2016. *Organic Industry Structure: Acquisitions & Alliances, Top
    100 Food Processors in North America*. East Lansing: Michigan State
    University.

Igzoburike, M. 1971. "Ecological balance in tropical agriculture." *Geographic
    Review* 61, 4: 521-529.

Jaffee, D., 2012. "Weak coffee: certification and co-optation in the fair trade
    movement." *Social Problems* 59, 1: 94-116.

Jaffee, D., and P.H. Howard. 2016. "Who's the fairest of them all? The fractured
    landscape of US fair trade certification." *Agriculture and Human Values*
    33, 4: 813-826.

Janzen, D.H. 1973. "Tropical agroecosystems." *Science* 182: 1212-1219.

King, F.H. 1911. "Farmers of forty centuries or permanent agriculture in China,
    Korea and Japan." ⟨https://internationalpermaculture.com/files/
    farmers_of_forty_centuries.pdf⟩.

Klages, K.H.W. 1928. "Crop ecology and ecological crop geography in the
    agronomic curriculum." *Journal of American Society of Agronomy* 20:
    336-353.

Klages, K.H.W. 1928. "Crop ecology and ecological crop geography in the
    agronomic curriculum." *Journal of American Society of Agronomy* 20:
    336-353.

_____. 1942. *Ecological Crop Geography*. New York: McMillan Company.

Kremen, C. 2015. "Reframing the land-sparing/land-sharing debate for
    biodiversity conservation." *Annals of the New York Academy of Sciences*
    1355: 52-76.

Lampkin, N. 1992. *Organic Farming*. Ipswhich, England, Farming Press.

Lappé, F.M., J. Collins and P. Rosset. 1998. *World Hunger: Twelve Myths* second
    edition. New York: Grove Press.

Letourneau, D.K., I. Armbrecht, B. Salguero, et al. 2011. "Does plant diversity benefit agroecosystems? A synthetic review." *Ecological Applications* 21, 1: 9-21.

Levins, R., and R. Lewontin. 1985. *The Dialectical Biologist*. Cambridge: Harvard University Press.

Levins, R., and M. Wilson. 1979. "Ecological theory and pest management." *Annual Review of Entomology* 25: 7-19.

Loomis, R.S., W.A. Williams and A.E. Hall. 1971. "Agricultural productivity." *Annual Review of Plant Physiology*: 431-468.

Lotter, D.W. 2003. "Organic agriculture." *Journal of Sustainable Agriculture* 21: 37-51.

Lowrance, R., B.R. Stinner and G.S. House. 1984. *Agricultural Ecosystems*. New York: Wiley Interscience.

LVC (La Vía Campesina). 2013. "From Maputo to Jakarta: 5 years of agroecology in La Vía Campesina." Jakarta. ⟨http://viacampesina.org/downloads/pdf/en/De-Maputo-a-Yakarta-EN-web.pdf⟩.

Machado, L.C.P., and L.C.P. Machado Filho. 2014. *A Dialética da Agroecologia: Contribuição para un Mundo com Alimentos Sem Veneno*. São Paulo: Expressão Popular.

Machín Sosa, B., A.M. Roque, D.R. Ávila and P. Rosset. 2010. "Revolución agroecológica: el movimiento de Campesino a Campesino de la ANAP en Cuba." Cuando el campesino ve, hace fe. Havana, Cuba, and Jakarta, Indonesia: ANAP and La Vía Campesina. ⟨http://www.viacampesina.org/downloads/pdf/sp/2010-04-14-rev-agro.pdf⟩.

Machín Sosa, B., A.M.R. Jaime, D.R.Á. Lozano, and P.M. Rosset. 2013. "Agroecological revolution: The farmer-to-farmer movement of the ANAP in Cuba." Jakarta: La Vía Campesina. ⟨http://viacampesina.org/downloads/pdf/en/Agroecological-revolution-ENGLISH.pdf⟩.

Mader, P., A. Fliessbach, D. Dubois, et al. 2002. "Soil fertility and biodiversity in organic farming." *Science* 296: 1694-1697.

Martínez-Torres, M.E., and P. Rosset. 2010. "La Vía Campesina: The birth and evolution of a transnational social movement." *Journal of Peasant Studies* 37, 1: 149-175.

_____. 2014. "Diálogo de Saberes in La Vía Campesina: Food sovereignty and agroecology." *Journal of Peasant Studies* 41, 6: 979-997.

McNeely, J.A., and S.R. Scherr. 2003. *Ecoagriculture: Strategies to Feed the World and Save Wild Biodiversity*. Washington, DC: Island Press.

Méndez, V. Ernesto, Christopher M. Bacon and Roseann Cohen. 2013. "Agroecology as a transdisciplinary, participatory, and action-oriented approach." *Agroecology and Sustainable Food Systems* 37, 1: 3-18.

Merchant, C. 1981. *The Death of Nature: Women, Ecology, and Scientific Revolution*. Harper: New York.

Mies, M., and V. Shiva. 1993. *Ecofeminism*. London: Zed Books.

Metcalf, R.L., and W.H. Luckman. 1975. *Introduction to Insect Pest Management*. New York: Wiley Interscience.

Netting, R. M. 1974. "Agrarian ecology." *Annual Review of Anthropology* 1: 21-55.

_____. 1993. *Smallholders, Householders: Farm Families and the Ecology of Intensive, Sustainable Agriculture*. Redwood City, CA: Stanford University Press.

Pearse, A. 1980. *Seeds of Plenty, Seeds of Want: Social and Economic Implications of the Green Revolution*. New York: Oxford University Press.

Perfecto, I., J. Vandermeer and A. Wright. 2009. *Nature's Matrix: Linking Agriculture, Conservation and Food Sovereignty*. London: Earthscan.

Pingali, P.L., M. Hossain and R.V. Gerpacio. 1997. *Asian Rice Bowls: The Returning Crisis*. Wallingford, UK: CAB International.

Pretty, J. 1995. *Regenerating Agriculture*. Washington, DC: World Resources Institute.

Price, P., and G.P. Waldbauer. 1975. "Ecological aspects of pest management." In R. Metcalf and W. Luckmann (eds.), *Introduction to Insect Pest Management*. New York: Wiley-Interscience.

Richards, P. 1985. *Indigenous Agricultural Revolution*. Boulder, CO: Westview Press.

Rosset, P.M. 2015. "Social organization and process in bringing agroecology to scale." In *Agroecology for Food Security and Nutrition*. Food and Agriculture Organization (FAO) of the United Nations, Rome. Available from: http://www.fao.org/3/a-i4729e.pdf.

Rosset, P.M., and M.A. Altieri. 1997. "Agroecology versus input substitution: A fundamental contradiction of sustainable agriculture." *Society and Natural Resources* 10: 283-295.

Rosset, P., and M.E. Martínez-Torres. 2012. "Rural social movements and agroecology: Context, theory and process." *Ecology and Society* 17, 3: 17.

Sevilla Guzmán, E. 2006. *De la Sociología Rural a la Agroecología: Bases Ecológicas de la Producción*. Barcelona: Icaria.

_____. 2011. *Sobre los Orígenes de la Agroecología en el Pensamiento Marxista y Libertario*. La Paz: AGRUCO.

Sevilla Guzmán, E., and J.M. Alier. 2006. "New rural social movements and agroecology." In P. Cloke, T. Marsden and P. Mooney (eds.), *Handbook of Rural Studies*. London: Sage.

Sevilla Guzmán, E., and G. Woodgate. 2013. "Agroecology: foundations in agrarian social thought and sociological theory." *Agroecology and Sustainable Food Systems* 37, 1: 32-44.

Shiva, Vandana. 1991. *The Violence of the Green Revolution: Third World Agriculture, Ecology and Politics*. London: Zed Books.

_____. 1993. *Monocultures of the Mind: Perspectives on Biodiversity and Biotechnology*. London: Palgrave Macmillan.

Siliprandi, Emma. 2009. "Um olhar ecofeminista sobre as lutas por sustentabilidade no mundo rural." In Paulo Peterson (ed.), *Agricultura Familiar Camponesa na Construção do Futuro*. Rio de Janeiro: AS-PTA.

_____. 2015. *Mulheres e Agroecologia: Transformando o Campo, as Florestas e as Pessoas*. Rio de Janeiro: Editora UFRI. ⟨http://www.mda.gov.br/ sitemda/sites/sitemda/files/ceazinepdf/mulheres_e_agroecologia_ transformando_o_campo_as_florestas_e_as_pessoas_0.pdf⟩.

Siliprandi, E., and G.P. Zuluaga (eds.). 2014. *Género, Agroecología y Soberanía Alimentaria: Perspectivas Ecofeministas*. Barcelona: Icaria.

Southwood, T.R.E., and M.I. Way. 1970. "Ecological background to pest management." Conference proceedings: *Concepts of Pest Management* held at Raleigh: North Carolina State University.

Spedding, C.R. 1975. *The Biology of Agricultural Systems*. London: Academic Press.

Steiner, R. 1993. *Agriculture: Spiritual Foundations for the Renewal of Agriuclture*. Kimberton, PA: Bio-Dynamic Farming and Gardening Association, Inc.

Tischler, W. 1965. *Agrarökologie*. Jena, Germany: Gustav Fischer Verlag.

Toledo, V.M., J. Carabias, C. Mapes and C. Toledo. 1985. *Ecología y Autosuficiencia Alimentaria*. Mexico: Siglo Veintiuno Editores.

Uphoff, N. 2002. *Agroecological Innovations: Increasing Food Production with Participatory Development*. London: Earthscan.

Vandermeer, J. 1981. "The interference productions principle: An ecological theory for agriculture." *BioScience* 31: 361-364.

van der Ploeg, J.D. 2009. *The New Peasantries: New Struggles for Autonomy and Sustainability in an Era of Empire and Globalization*. London: Earthscan.

_____. 2010. "The peasantries of the twenty-first century: The commoditization debate revisited." *Journal of Peasant Studies* 37, 1: 1-30. ⟨http://dx.doi.org/10.1080/03066150903498721⟩.

_____. 2013. *Peasants and the Art of Farming: A Chayanovian Manifesto*. Halifax: Fernwood Publishing.

van Dyne, G. 1969. *The Ecosystems Concept in Natural Resource Management*. New York: Academic Press.

Wezel, A., S. Bellon, T. Doré, et al. 2009. "Agroecology as a science, a movement, and a practice." *Agronomy for Sustainable Development* 29, 4: 503-515. ⟨http://dx.doi.org/10.1051/agro/2009004⟩.

제3장

Action Aid. 2011. "Smallholder-led sustainable agriculture." ⟨http://www.actionaid.org/publications/smallholder-led-sustainable-agricultureactionaid-international-briefing⟩.

Altieri, M.A. 1995. *Agroecology: The Science of Sustainable Agriculture*. Boulder, CO: Westview Press.

_____. 1999. "Applying agroecology to enhance productivity of peasant farming systems in Latin America." *Environment, Development and Sustainability* 1: 197-217.

_____. 2002. "Agroecology: The science of natural resource management for poor farmers in marginal environments." *Agriculture, Ecosystems and Environment* 93: 1-24.

_____. 2005. "The myth of coexistence: Why transgenic crops are not compatible with agroecologically based systems of production." *Bulletin of Science, Technology & Society* 25, 4: 361-371.

Altieri, M.A., Andrew Kang Bartlett, Carolin Callenius, et al. 2012. *Nourishing the World Sustainably: Scaling Up Agroecology*. Geneva: Ecumenical Advocacy Alliance.

Altieri, M.A., and O. Masera. 1993. "Sustainable rural development in Latin America: Building from the bottom up." *Ecological Economics* 7: 93-121.

Altieri, M.A., and C.I. Nicholls. 2008. "Scaling up agroecological approaches for food sovereignty in Latin America." *Development* 51, 4: 472-80. ⟨http://dx.doi.org/10.1057/dev.2008.68⟩.

_____. 2012. "Agroecology: Scaling up for food sovereignty and resiliency." *Sustainable Agriculture Reviews* 11.

_____. 2013. "The adaptation and mitigation potential of traditional agriculture in a changing climate." *Climatic Change*.

Altieri, M.A., C.I. Nicholls, A. Henao and M.A. Lana. 2015. "Agroecology and the design of climate change-resilient farming systems." *Agronomy for Sustainable Development* 35: 869-890.

Altieri, M.A., F. Funes-Monzote and P. Petersen. 2011. "Agroecologically efficient agricultural systems for smallholder farmers: Contributions to food sovereignty." *Agronomy for Sustainable Development* 32, 1.

Altieri, M.A., P. Rosset, and L.A. Thrupp. 1998. "The potential of agroecology to combat hunger in the developing world." 2020 Brief 55, International Food Policy Research Institute (IFPRI), Washington, DC.

Altieri, M.A., and V.M. Toledo. 2011. "The agroecological revolution in Latin America: Rescuing nature, ensuring food sovereignty and empowering peasants." *Journal of Peasant Studies* 38: 587-612.

Bachmann, L., E. Cruzada and S. Wright. 2009. *Food Security and Farmer*

Empowerment: A Study of the Impacts of Farmer-Led Sustainable Agriculture in the Philippines. Masipag-Misereor, Los Banos, Philippines.

Beets, W.C. 1990. *Raising and Sustaining Productivity of Smallholders Farming Systems in the Tropics*. Alkmaar, Netherlands: AgBe Publishing.

Buckles, D., B. Triomphe, and G. Sain. 1998. *Cover Crops in Hillside Agriculture: Farmer Innovation with Mucuna*. Ottawa, Canada: International Development Research Centre.

Bunch, R. 1990. "Low-input soil restoration in Honduras: The Cantarranas farmer-to-farmer extension project." *Sustainable Agriculture Gatekeeper Series* SA23, London, IIED.

Cazella, A.A., P. Bonnal, and R.S. Maluf. 2009. *Agricultura familiar: Multifuncionalidade e desenvovimento territorial no Brasil*. São Paulo: Mauad.

Christian Aid. 2011. "Healthy harvests: The benefits of sustainable agriculture in Asia and Africa." ⟨http://www.christianaid.org.uk/images/Healthy-Harvests-Report.pdf⟩.

Critchley, W.R.S., C. Reij, and T.J. Willcocks. 2004. "Indigenous soil water conservation: A review of state of knowledge and prospects for building on traditions." *Land Degradation and Rebabilitation* 5: 293-314.

Derpsch, R., and A. Calegari. 1992. *Plantas para adubacao de inverno*. IAPAR, Londrina, Circular.

De Schutter, O. 2011. *Agroecology and the Right to Food*. United Nations Human Rights Council Official Report, Geneva, Switzerland.

Dorward, A. 1999. "Farm size and productivity in Malawian smallholder agriculture." *Journal of Development Studies* 35: 141-161.

Dyer, G. 1991. "Farm size-farm productivity re-examined: Evidence from rural Egypt." *Journal of Peasant Studies* 19, 1: 59-92.

Erickson, C.L., and K.L. Chandler. 1989. "Raised fields and sustainable agriculture in the lake Titicaca Basin of Peru." In J.O. Browder (ed.), *Fragile Lands of Latin America*. Boulder, CO: Westview Press.

ETC Group. 2009. "Who will feed us? Questions for the food and climate crisis." ETC Group Comunique #102.

Francis, C.A. 1986. *Multiple Cropping Systems*. New York: MacMillan.

Funes Aguilar, F., L. García, M. Bourque, N. Pérez, and P. Rosset (eds.). 2002. *Sustainable Agriculture and Resistance: Transforming Food Production in Cuba*. Oakland: Food First Books.

Funes Aguilar, F., and L.L. Vázquez Moreno (eds.). 2016. *Avances de la Agroecología en Cuba*. Matanzas, Cuba: Estación Indio Hatuey.

Funes-Monzote, F.R. 2008. "Farming like we're here to stay: The mixed farming alternative for Cuba." PhD thesis, Wageningen University. ⟨http://edepot.wur.nl/122038⟩.

Funes-Monzote, F.R., M. Monzote, E.A. Lantinga et al. 2009. "Agroecological indicators (AEIS) for dairy and mixed farming systems classification: Identifying alternatives for the Cuban livestock sector." *Journal of Sustainable Agriculture* 33, 4: 435-460.

Garrity, D. 2010. "Evergreen agriculture: A robust approach to sustainable food security in Africa." *Food Security* 2: 197-214.

Guijt, I. 1998. *Assessing the Merits of Participatory Development of Sustainable Agriculture: Experiences from Brazil and Central America. Mediating Sustainability*. Bloomfield, CT: Kumarian Press.

Holt-Giménez, E. 2002. "Measuring farmers' agroecological resistance after Hurricane Mitch in Nicaragua: A case study in participatory, sustainable land management impact monitoring." *Agriculture, Ecosystems and Environment* 93: 87-105.

_____. 2006. *Campesino a Campesino: Voices from Latin America's Farmer to Farmer Movement for Sustainable Agriculture*. Oakland: Food First Books.

IFAD. 2004. "The adoption of organic agriculture among small farmers in Latin America and the Caribbean." ⟨http://www.ifad.org/evaluation/public_html/eksyst/doc/thematic/pl/organic.htm⟩.

Isakson, S.R. 2009. "No hay ganancia en la milpa: The agrarian question, food sovereignty, and the on-farm conservation of agrobiodiversity in the Guatemalan highlands." *Journal of Peasant Studies* 36, 4: 725-759.

Khadse, A., P.M. Rosset, H. Morales, and B.G. Ferguson. 2017. "Taking agroecology to scale: The Zero Budget Natural Farming peasant movement in Karnataka, India." *The Journal of Peasant Studies*, DOI: 10.1080/03066150.2016.1276450.

Khan, Z.R., K. Ampong-Nyarko, A. Hassanali and S. Kimani. 1998. "Intercropping increases parasitism of pests." *Nature* 388: 631-632.

Koohafkan, P., and M.A. Altieri. 2010. *Globally Important Agricultural Heritage Systems: A Legacy for the Future*. UN-FAO, Rome.

Lappé F.M., J. Collins and P. Rosset. 1998. *World Hunger: Twelve Myths* second edition. New York: Grove Press.

Lotter, D.W. 2003. "Organic agriculture." *Journal of Sustainable Agriculture* 21: 37-51.

Machín Sosa, B., A.M.R. Jaime, D.R.Á. Lozano, and P.M. Rosset. 2013. "Agroecological revolution: The farmer-to-farmer movement of the ANAP in Cuba." Jakarta: La Vía Campesina. 〈http://viacampesina.org/downloads/pdf/en/Agroecological-revolution-ENGLISH.pdf〉.

Mariaca Méndez, R., J. Pérez Pérez, N.S. León Martínez and A. López Meza. 2007. *La Milpa de los Altos de Chiapas y sus Recursos Genéticos*. Mexico: Ediciones De La Noche.

Mijatovic, D., F. Van Oudenhovenb, P. Pablo Eyzaguirreb and T. Hodgkins. 2013. "The role of agricultural biodiversity in strengthening resilience to climate change: Toward an analytical framework." *International Journal of Agricultural Sustainability* 11, 2.

Murgueitio, E., Z. Calle, F. Uribea, et al. 2011. "Native trees and shrubs for the productive rehabilitation of tropical cattle ranching lands." *Forest Ecology and Management* 261: 1654-1663.

Ortega, E. 1986. *Peasant Agriculture in Latin America*. Santiago: Joint ECLAC/FAO Agriculture Division.

Owenya, M.Z., M.L. Mariki, J. Kienzle, et al. 2011. "Conservation agriculture (CA) in Tanzania: The case of Mwangaza B CA farmer field school (FFS), Rothia Village, Karatu District, Arusha." *International Journal of Agricultural Sustainability* 9: 145-152. 〈http://www.fao.org/ag/ca/ca-publications/ijas2010_557_tan.pdf〉.

Philpott, S.M., B.B. Lin, S. Jha and S.J. Brines. 2008. "A multi-scale assessment of hurricane impacts on agricultural landscapes based on land use and topographic features." *Agriculture, Ecosystems and Environment* 128: 12-20.

Pimentel, D., P. Hepperly, J. Hanson, et al. 2005. "Environmental, energetic and economic comparisons of organic and conventional farming systems." *Bioscience* 55: 573-582.

Pimentel, D., and M. Pimentel. 1979. *Food, Energy and Society*. Edward Arnold, London.

Pretty, J., and R. Hine. 2009. "The promising spread of sustainable agriculture in Asia." *Natural Resources Forum* 2: 107-121.

Pretty, J., J.I.L. Morrison and R.E. Hine. 2003. "Reducing food poverty by increasing agricultural sustainability in the development countries." *Agriculture, Ecosystems and Environment* 95: 217-234.

Pretty, J., C. Toulmin and S. Williams. 2011. "Sustainable intensification in African agriculture." *International Journal of Sustainable Agriculture* 9: 5-24.

Reij, C. 1991. "Indigenous soil and water conservation in Africa." IIED Gatekeeper Series No 27, London. ⟨http://pubs.iied.org/pdfs/6104IIED.pdf⟩.

Reij, C.P., and E.M.A. Smaling. 2008. "Analyzing successes in agriculture and land management in Sub-Saharan Africa: Is macro-level gloom obscuring positive micro-level change?" *Land Use Policy* 25: 410-420.

Reij, C., I. Scoones and T. Toulmin. 1996. *Sustaining the Soil: Indigenous Soil and Water Conservation in Africa*. London: Earthscan.

Rosset, P.M. 1999b. *The Multiple Functions and Benefits of Small Farm Agriculture*. Food First Policy Brief #4. Oakland: Institute for Food and Development Policy.

Rosset, P.M., B. Machín Sosa, A.M. Jaime and D.R. Lozano. 2011. "The campesino-to-campesino agroecology movement of ANAP in Cuba: social process methodology in the construction of sustainable peasant agriculture and food sovereignty." *Journal of Peasant Studies* 38, 1: 161-191.

Sanchez, J.B. 1994a. "La Experiencia en la Cuenca del Río Mashcón." *Agroecología y Desarrollo* 7: 12-15.

Sanchez, J.B. 1994b. "A seed for rural development: The experience of edaccied in the Mashcon watershed of Peru." *Journal of Learnings* 1: 13-21.

SANE. 1998. *Farmers, NGOs and Lighthouses: Learning from Three Years of Training, Networking and Field Activities.* Berkeley: SANE-UNDP.

Spehar, C.R., and P.I.M. Souza. 1996. "Sustainable cropping systems in the Brazilian Cerrados." *Integrated Crop Management* 1: 1-27.

Stoop, W.A., N. Uphoff, and A. Kassam. 2002. "A review of agricultural research issues raised by the system of rice intensification (SRI) from Madagascar: Opportunities for improving farming systems." *Agricultural Systems* 71: 249-274.

Tompkins, E.L., and W.N. Adger. 2004. "Does adaptive management of natural resources enhance resilience to climate change?" *Ecology and Society* 9, 2: 10.

Treacey, J.M. 1989. "Agricultural terraces in Peru's Colca Valley: Promises and problems of an ancient technology." In John O. Browder (ed.), *Fragile Lands of Latin America.* Boulder, CO: Westview Press.

U.K. 2011. *UK Government's Foresight Project on Global Food and Farming Futures.* London: The UK Government Office for Science.

UN-ESCAP. 2009. *Sustainable Agriculture and Food Security in Asia and the Pacific.* Bangkok.

UNEP-UNCTAD. 2008. "Organic agriculture and food security in Africa." New York: United Nations. ⟨http://www.unctad.org/en/docs/diteted200715_en.pdf⟩.

Uphoff, N. 2002. *Agroecological Innovations: Increasing Food Production with Participatory Development.* London: Earthscan.

_____. 2003. "Higher yields with fewer external inputs? The system of rice intensification and potential contributions to agricultural sustainability." *International Journal of Agricultural Sustainability* 1: 38-50.

Vandermeer, J. 1989. *The Ecology of Intercropping.* Cambridge, UK: Cambridge University Press.

Wilken, G.C. 1987. *Good Farmers: Traditional Agricultural Resource Management in Mexico and Guatemala.* Berkeley: University of

California Press.

Wolfenson, K.D.M. 2013. "Coping with the food and agriculture challenge: Smallholders agenda." Rome: UN-FAO.

Zougmore, R., A. Mando, and L. Stroosnijder. 2004. "Effect of soil and water conservation and nutrient management on the soil-plant water balance in semi-arid Burkina Faso." *Agricultural Water Management* 65: 102-120.

제4장

Alonge, Adewale J., and Robert A. Martin. 1995. "Assessment of the adoption of sustainable agriculture practices: Implications for agricultural education." *Journal of Agricultural Education* 36, 3: 34-42.

Altieri, M.A., Andrew Kang Bartlett, Carolin Callenius, et al. 2012. *Nourishing the World Sustainably: Scaling Up Agroecology*. Geneva: Ecumenical Advocacy Alliance.

Altieri, M.A., and C.I. Nicholls. 2008. "Scaling up agroecological approaches for food sovereignty in Latin America." *Development* 51, 4: 472-480. ⟨http://dx.doi.org/10.1057/dev.2008.68⟩.

Barbosa, L.P., and P.M. Rosset. In press. *Movimentos sociais e educação do campo na América Latina: aprendizagens de um percurso histórico*. Revista Práxis Educacional.

Brown, C., and S. Miller. 2008. "The impacts of local markets: A review of research on farmers markets and community supported agriculture (CSA)." *American Journal of Agricultural Economics* 90, 5: 1298-1302.

Bruil, Janneke, and Jessica Milgroom. 2016. "How to amplify agroecology." *Agroecology Learning Exchange* May: 1-6. ⟨http://www.agriculturesnetwork.org/magazines/global/making-the-case-for-agroecology/how-toamplify-agroecology/howtoamplifyagroecology.pdf⟩.

Carolan, M.S. 2006. "Do you see what I see? Examining the epistemic barriers to sustainable agriculture." *Rural Sociology* 71, 2: 232-260.

Chambers, R. 1990. "Farmer-first: a practical paradigm for the third agriculture." In M.A. Altieri and S.B. Hecht (eds.), *Agroecology and Small Farm Development*. Ann Arbor: CRC Press.

_____. 1993. *Challenging the Professions: Frontiers for Rural Development*. London, UK: Intermediate Technology Publications.

CSM (Civil Society Mechanism). 2016. "Connecting smallholders to markets." International Civil Society Mechanism for Food Security and Nutrition, Rome. ⟨http://www.csm4cfs.org/wp-content/uploads/2016/10/English-CONNECTING-SMALLHOLDERS-TO-MARKETS.pdf⟩.

Dumont, Antoinette M., Gaëtan Vanloqueren, Pierre M. Stassart and Philippe V. Baret. 2016. "Clarifying the socioeconomic dimensions of agroecology: Between principles and practices." *Agroecology and Sustainable Food Systems* 40, 1: 24-47.

ETC Group. 2009. "Who will feed us? Questions for the food and climate crisis." ETC Group Comunique #102.

_____. 2014. *With Climate Chaos, Who Will Feed Us? The Industrial Food Chain or the Peasant Food Web?* Ottawa: ETC Group.

Freire, Paulo. 1970. *Pedagogy of the Oppressed*. New York: Seabury Press.

_____. 1973. *Extension or Communication?* New York: McGraw.

FAO (Food and Agriculture Organization of the U.N.). 2016. "Zero budget natural farming in India." Family Farming Knowledge Platform. ⟨http://www.fao.org/family-farming/detail/en/c/429762/⟩.

Gonzalez de Molina, Manuel. 2013. "Agroecology and politics. How to get sustainability? About the necessity for a political agroecology." *Agroecology and Sustainable Food Systems* 37, 1: 45-59.

Holt-Giménez, E. 2001. "Scaling-up sustainable agriculture." *Low External Input Sustainable Agriculture Magazine* 3, 3: 27-29.

_____. 2006. *Campesino a Campesino: Voices from Latin America's Farmer to Farmer Movement for Sustainable Agriculture*. Oakland: Food First Books.

IIRR (International Institute of Rural Reconstruction). 2000. "Going to Scale: Can We Bring More Benefits to More People More Quickly?" Conference highlights. April 10-14. Philippines: IIRR.

Gallar Hernánez, D., and R. Acosta Naranjo. 2014. "La resignificación campesinista de la ruralidad: La Universidad Rural Paulo Freire." *Revista de Dialectología y Tradiciones Populares* LXIX, 2: 285-304.

GRAIN. 2014. "Hungry for Land: Small farmers feed the world with less than a quarter of all farmland." *GRAIN Report*: 1-22.

Khadse, A., P.M. Rosset, H. Morales, and B.G. Ferguson. 2017. "Taking agroecology to scale: The Zero Budget Natural Farming peasant movement in Karnataka, India." *The Journal of Peasant Studies*, DOI: 10.1080/03066150.2016.1276450.

Kolmans, E. 2006. *Construyendo procesos 'de campesino a campesino'*. Lima: ESPIGAS and Pan para el Mundo.

LVC (La Vía Campesina). 2010. Submission by La Vía Campesina to the International Seminar "The contribution of agroecological approaches to meet 2050 global food needs," convened under the Auspices of the Mandate of the U.N. Special Rapporteur on the Right to Food, Prof. Olivier De Schutter, Brussels, June 21-22, 2010.

Levins, R., and R. Lewontin. 1985. *The Dialectical Biologist*. Cambridge: Harvard University Press.

Machín Sosa, B., A.M. Roque, D.R. Ávila and P. Rosset. 2010. "Revolución agroecológica: el movimiento de Campesino a Campesino de la ANAP en Cuba." Cuando el campesino ve, hace fe. Havana, Cuba, and Jakarta, Indonesia: ANAP and La Vía Campesina. ⟨http://www.viacampesina. org/downloads/pdf/sp/2010-04-14-rev-agro.pdf⟩.

Machín Sosa, B., A.M.R. Jaime, D.R.Á. Lozano, and P.M. Rosset. 2013. "Agroecological revolution: The farmer-to-farmer movement of the ANAP in Cuba." Jakarta: La Vía Campesina. ⟨http://viacampesina.org/ downloads/pdf/en/Agroecological-revolution-ENGLISH.pdf⟩.

Martínez-Torres, M.E., and P. Rosset. 2014. "Diálogo de Saberes in La Vía Campesina: Food sovereignty and agroecology." *Journal of Peasant Studies* 41, 6: 979-997.

McCune, Nils. 2014. "Peasant to peasant: The social movement form of agroecology." *Farming Matters* June: 36-37.

McCune, N, P.M. Rosset, T. Cruz Salazar, et al. 2016. "Mediated territoriality:

Rural workers and the efforts to scale out agroecology in in Nicaragua."
Journal of Peasant Studies, DOI: 10.1080/03066150.2016.1233868.

McCune, N., J. Reardon, and P. Rosset. 2014. "Agroecological formación in
rural social movements." *Radical Teacher* 98: 31-37.

McMichael, P. 2013. "Value-chain agriculture and debt relations: contradictory
outcomes." *Third World Quarterly* 34, 4: 671-690.

Meek, D. 2014. "Agroecology and radical grassroots movements' evolving moral
economies." *Environment and Society: Advances in Research*: 47-65.

_____. 2015. "Learning as territoriality: The political ecology of education in
the Brazilian landless workers' movement." *Journal of Peasant Studies*,
DOI: 10.1080/03066150.2014.978299.

Méndez, V. Ernesto, Christopher M. Bacon and Roseann Cohen. 2013.
"Agroecology as a transdisciplinary, participatory, and action-oriented
approach." *Agroecology and Sustainable Food Systems* 37, 1: 3-18.

Muterlle, J.C., and L.A.G. Cunha. 2011. "A territorialização da agroecologia no
território rural do Vale do Ribeira, Paraná, Brasil." *Revista Geográfica de
América Central* 2(47E).

Nehring, Ryan, and Ben McKay. 2014. *Sustainable Agriculture: An Assessment
of Brazil's Family Farm Programmes in Scaling Up Agroecological Food
Production*. Brasilia: International Policy Centre for Inclusive Growth.

Niederle, Paulo André, Luciano de Almeida and Fabiane Machado Vezzani
(eds.). 2013. *Agroecologia: práticas, mercados e políticas para uma nova
agricultura*. Curitiba: Kairós.

Pachico, D., and S. Fujisaka (eds.). 2004. "Scaling up and out: Achieving
widespread impact through agricultural research." *CIAT Economics and
Impact Series* 3. CIAT Publication number 340.

Parmentier, Stéphane. 2014. *Scaling-Up Agroecological Approaches: What, Why
and How?* Brussels: Oxfam-Solidarité.

Petersen, P., E.M. Mussoi and F.D. Soglio. 2013. "Institutionalization of
the agroecological approach in Brazil: Advances and challenges."
Agroecology and Sustainable Food Systems 37, 1: 103-114.

Rosset, P.M. 2006. *Food Is Different: Why the wto Should Get Out of Agriculture*.
Zed Books.

_____. 2015a. "Epistemes rurales y la formación agroecológica en La Vía Campesina." *Ciência & Tecnologia Social* 2, 1: 4-13.

_____. 2015b. "Social organization and process in bringing agroecology to scale." In *Agroecology for Food Security and Nutrition.* Food and Agriculture Organization (FAO) of the United Nations, Rome. Available from: http://www.fao.org/3/a-i4729e.pdf.

Rosset, P.M., and M.A. Altieri. 1997. "Agroecology versus input substitution: A fundamental contradiction of sustainable agriculture." *Society and Natural Resources* 10: 283-295.

Rosset, P.M., B. Machín Sosa, A,M, Jaime and D.R. Lozano. 2011. "The campesino-to-campesino agroecology movement of ANAP in Cuba: social process methodology in the construction of sustainable peasant agriculture and food sovereignty." *Journal of Peasant Studies* 38, 1: 161-191.

Rosset, P., and M.E. Martínez-Torres. 2012. "Rural social movements and agroecology: Context, theory and process." *Ecology and Society* 17, 3: 17.

Rover, Oscar José. 2011. "Agroecologia, mercado e inovação social: o caso da Rede Ecovida de Agroecologia." *Ciências Sociais Unisinos* 47, 1: 56-63.

Sevilla Guzmán, E. 2002. "A perspectiva sociológica em Agroecologia: uma sistematização de seus métodos e técnicas." *Rev. Agroecologia e Desenvolvimento Rural Sustentável* 3, 1: 18-28.

Stronzake, J. 2013. "Movimientos sociales, formación política y agroecología." *América Latina en Movimiento* 487, June: 27-29.

Uvin, Peter, and David Miller. 1996. "Paths to scaling-up: Alternative strategies for local nongovernmental organizations." *Human Organization* 55, 3 (Fall): 344-354.

von der Weid, Jean Marc. 2000. "Scaling up, and scaling further up: An ongoing experience of participatory development in Brazil." São Paulo: AS-PTA. ⟨http://www.fao.org/docs/eims/upload/215152/AS-PTA.pdf⟩.

Wezel, A., S. Bellon, T. Doré et al. 2009. "Agroecology as a science, a movement, and a practice." *Agronomy for Sustainable Development* 29, 4: 503-515. ⟨http://dx.doi.org/10.1051/agro/2009004⟩.

Wezel, A., H. Brives, M. Casagrande, et al. 2016. "Agroecology territories:

Places for sustainable agricultural and food systems and biodiversity conservation." *Agroecology and Sustainable Food Systems* 40, 2: 132-144.

제5장

Altieri, M.A. 2005. "The myth of coexistence: Why transgenic crops are not compatible with agroecologically based systems of production." *Bulletin of Science, Technology & Society* 25, 4: 361-371.

Altieri, M.A., Andrew Kang Bartlett, Carolin Callenius, et al. 2012. *Nourishing the World Sustainably: Scaling Up Agroecology.* Geneva: Ecumenical Advocacy Alliance.

Altieri, M.A., and C.I. Nicholls. 2008. "Scaling up agroecological approaches for food sovereignty in Latin America." *Development* 51, 4: 472-480. ⟨http://dx.doi.org/10.1057/dev.2008.68⟩.

Altieri, M.A., and P. Rosset. 1999a. "Ten reasons why biotechnology will not ensure food security, protect the environment and reduce poverty in the developing world." *AgBioForum* 2, 3/4: 155-162.

_____. 1999b. "Strengthening the case for why biotechnology will not help the developing world: A response to MacGloughlin." *AgBioForum* 2, 3/4: 226-236.

Borras Jr, S.M., R. Hall, I. Scoones, B. White, and W. Wolford. 2011. "Towards a better understanding of global land grabbing: An editorial introduction." *The Journal of Peasant Studies* 38, 2: 209-216.

Calle Collado, A., D. Gallar and J. Candón. 2013. "Agroecología política: la transición social hacia sistemas agroalimentarios sustentables." *Revista de Economía Crítica* 16: 244-277.

da Silva, V.I. 2014. *Classe camponesa: modo de ser, de viver e de produzir.* Brasil: Padre Josimo.

Delvaux, François, Meera Ghani, Giulia Bondi and Kate Durbin. 2014. "*Climate-Smart Agriculture*": *The Emperor's New Clothes?* Brussels: CIDSE.

ETC Group. 2009. "Who will feed us? Questions for the food and climate crisis." ETC Group Comunique #102.

Fals Borda, Orlando. 2009. *Una Sociologia Sentipensante para America Latina*. Buenos Aires: CLACSO.

FAO (Food and Agriculture Organization of the U.N.). 2014. "International Symposium on Agroecology for Food Security and Nutrition." ⟨http://www.fao.org/about/meetings/afns/en/⟩.

_____. 2015. *Final Report for the International Symposium on Agroecology for Food Security and Nutrition*. Roma: FAO.

Fernandes, B.M. 2008a. "Questão Agraria: conflictualidade e desenvolvimento territorial." In A.M. Buainain (ed.), *Luta pela terra, reforma agraria e gestão de conflitos no Brasil*. Campinas, Brazil: Editora Unicamp.

_____. 2008b. "Entrando nos territórios do territoório." In E.T. Paulino and J.E. Fabrini (eds.), *Campesinato e territórios em disputas*. São Paulo, Brazil: Expressão Popular.

_____. 2009. "Sobre a tipologia de territórios." In M.A. Saquet and E.S. Sposito (eds.), *Territórios e territorialidades: teoria, processos e conflitos*. São Paulo, Brazil: Expressão Popular.

Foster, J.B., 2000. *Marx's Ecology: Materialism and Nature*. New York: NYU Press.

Giraldo, O.F. 2014. *Utopías en la Era de la Superviviencia. Una Interpretación del Buen Vivir*. México: Editorial Itaca.

_____. 2015. "Agroextractivismo y acaparamiento de tierras en América Latina: una lectura desde la ecología política." *Revista Mexicana de Sociología* 77, 4: 637-662.

_____. 2016. "Convivialidad y agroecología." In Susan Street (ed.), *Con Ojos Bien Abiertos: Ante el Despojo, Rehabilitemos lo Común*. Guadalajara: CIESAS.

Giraldo, O.F., and P.M. Rosset. 2016. "La agroecología en una encrucijada: entre la institucionalidad y los movimientos sociales." *Guaju* 2, 1: 14-37.

_____. 2017. "Agroecology as a territory in dispute: Between institutionality and social movements." *Journal of Peasant Studies*. [online] DOI: 10.1080/03066150.2017.1353496.

Harvey, D. 2003. "The 'new' imperialism: Accumulation by dispossession."

Socialist Register 40: 63-87.

Holt-Giménez, E. 2006. *Campesino a Campesino: Voices from Latin America's Farmer to Farmer Movement for Sustainable Agriculture.* Oakland: Food First Books.

Holt-Giménez, E., and M.A. Altieri. 2016. "Agroecology 'lite': Cooptation and resistance in the global north." ⟨https://foodfirst.org/agroecology-litecooptation-and-resistance-in-the-global-north/⟩.

Illich, I. 2006. "La convivencialidad." In Obras Reunidas I. México D.F.: Fondo de Cultura Económica.

Khadse, A., P.M. Rosset, H. Morales, and B.G. Ferguson. 2017. "Taking agroecology to scale: The Zero Budget Natural Farming peasant movement in Karnataka, India." *The Journal of Peasant Studies*, DOI: 10.1080/03066150.2016.1276450.

Kotschi, J. 2013. *A Soiled Reputation: Adverse Impacts of Mineral Fertilizers in Tropical Agriculture.* Berlín: World Wildlife Fund-Heinrich Böll Stiftung.

Leff, E. 1986. *Ecología y capital: hacia una perspectiva ambiental del desarrollo.* México D.F.: Siglo XXI Editores.

_____. 2004. *Racionalidad ambiental. La reapropiación social de la naturaleza.* México D.F.: Siglo XXI Editores.

Lélé, S.M. 1991. "Sustainable development: a critical review." *World Development* 19, 6: 607-621.

Levidow, L., M. Pimbert and G. Vanloqueren. 2014. "Agroecological research: Conforming — or transforming the dominant agro-food regime?" *Agroecology and Sustainable Food Systems* 38, 10: 1127-1155.

LVC (La Vía Campesina). 2013. "From Maputo to Jakarta: 5 years of agroecology in La Vía Campesina." Jakarta. ⟨http://viacampesina.org/downloads/pdf/en/De-Maputo-a-Yakarta-EN-web.pdf⟩.

_____. 2015a. "Declaration of the International Forum for Agroecology." [online] ⟨https://viacampesina.org/en/index.php/main-issues-mainmenu-27/sustainable-peasants-agriculture-mainmenu-42/1749-declaration-of-theinternational-forum-for-agroecology⟩.

_____. 2015b. *Peasant Agroecology for Food Sovereignty and Mother Earth, experiences of La Vía Campesina*. Notebook No. 7. Zimbabwe: LVC.

_____. 2016. International conference of agrarian reform: Marabá Declaration. [online] ⟨https://viacampesina.org/en/international-conference-ofagrarian-reform-declaration-of-maraba1/⟩.

Machín Sosa, B., A.M.R. Jaime, D.R.Á. Lozano, and P.M. Rosset. 2013. "Agroecological revolution: The farmer-to-farmer movement of the ANAP in Cuba." Jakarta: La Vía Campesina. ⟨http://viacampesina.org/downloads/pdf/en/Agroecological-revolution-ENGLISH.pdf⟩.

Martinez-Alier, J., 2011. "The eroi of agriculture and its use by the Vía Campesina." *Journal of Peasant Studies* 38, 1: 145-160.

Martínez-Torres, M.E., and P. Rosset. 2014. "Diálogo de Saberes in La Vía Campesina: Food sovereignty and agroecology." *Journal of Peasant Studies* 41, 6: 979-997.

Marx, K. 1946. *El capital. Crítica de la economía política*. Tomo I. Bogotá: Fondo De Cultura Económica.

Nicholls, C. 2014. "Reflexiones sobre la participación de socla en el Simposio Internacional de Agroecología para la seguridad Alimentaria y Nutrición en FAO." Roma. SOCLA.

_____. 2015. "SOCLA reflexiones sobre la Consulta Multisectorial sobre Agroecología en Asia y el Pacífico, organizada por la FAO." SOCLA.

O'Connor, J.R. 1998. *Natural Causes: Essays in Ecological Marxism*. New York: Guilford Press.

Patel, Raj. 2013. "The long green revolution." *Journal of Peasant Studies* 40, 1: 1-63.

Pimbert, M. 2015. "Agroecology as an alternative vision to conventional development and climate-smart agriculture." *Development* 58, 2-3: 286-298.

Pingali, P.L., M. Hossain and R.V. Gerpacio. 1997. *Asian Rice Bowls: The Returning Crisis*. Wallingford, UK: CAB International.

Polanyi, K. 1957. *The Great Transformation*. Boston: Beacon Press.

Ray, D.K., N. Ramankutty, N.D. Mueller et al. 2012. "Recent patterns of crop yield growth and stagnation." *Nature Communications* 3: 1293.

Rivera Cusicanqui, S., 2010. *Ch'ixinakax utxiwa. Una Reflexión sobre Prácticas y*

Discursos Descolonizadores. Buenos Aires: Tinta limon.

Rogé, P., C. Nicholls, and M.A. Altieri. 2015. "Reflexiones sobre la reunión regional de la FAO sobre Agroecología para África subsahariana." SOCLA.

Rosset, P. 2013. "Re-thinking agrarian reform, land and territory in La Vía Campesina." *Journal of Peasant Studies* 40, 4: 721-775.

_____. 2005. "Transgenic crops to address Third World hunger? A critical analysis." *Bulletin of Science, Technology & Society* 25, 4: 306-313.

_____. 2015b. "Social organization and process in bringing agroecology to scale." In *Agroecology for Food Security and Nutrition*. Food and Agriculture Organization (FAO) of the United Nations, Rome. Available from: http://www.fao.org/3/a-i4729e.pdf.

Rosset, P.M., and M.A. Altieri. 1997. "Agroecology versus input substitution: A fundamental contradiction of sustainable agriculture." *Society and Natural Resources*, 10: 283-295.

Rosset, P., and M.E. Martínez-Torres. 2012. "Rural social movements and agroecology: Context, theory and process." *Ecology and Society* 17, 3: 17.

Rosset, P.M., B. Machín Sosa, A,M, Jaime and D.R. Lozano. 2011. "The campesino-to-campesino agroecology movement of ANAP in Cuba: social process methodology in the construction of sustainable peasant agriculture and food sovereignty." *Journal of Peasant Studies* 38, 1: 161-191.

Scoones, Ian. 2014. "Sustainable intensification: A new buzzword to feed the world?" Zimbabweland. ⟨https://zimbabweland.wordpress.com/2014/06/16/sustainable-intensification-a-new-buzzword-to-feedthe-world/⟩.

Wezel, A., S. Bellon, T. Doré et al. 2009. "Agroecology as a science, a movement, and a practice." *Agronomy for Sustainable Development* 29, 4: 503-515. ⟨http://dx.doi.org/10.1051/agro/2009004⟩.

찾아보기

기업먹거리체계corporate food system 21,
22

기후 스마트 농업climate smart agriculture
22, 179, 183, 185, 187, 194, 203

길들이기domestication 36, 163

길항제antagonist 44, 50

ㄴ

남미공동시장Mercosur 187

녹비green manure 36, 45, 50, 53, 95,
118, 124, 127, 128, 137, 138, 159

녹색혁명Green Revolution 23, 24, 26,
27, 28, 29, 83, 86, 91, 101, 106,
156, 161, 166, 181, 192, 194,
196, 201

녹색혁명형 농업Green Revolution
agriculture 24, 106, 161

농기업agribusiness 22, 90, 91, 92, 174,
180, 186, 187, 188, 192, 193,
194, 196, 200, 201

농기업모델agribusiness model 185, 200

농민론자peasantist 89

농민시장farmers' market 159, 173

농민에서 농민으로peasant to peasant 93,
160

'농민에서 농민으로'운동Campesino a
Campesino(CAC) 125~127, 130,
146, 160, 161~165, 168, 169,
171, 176, 195

농민의 교육학peasant pedagogy 164

농민적 원리peasant principle 89

농민적 조건peasant condition 89

농생태적 기반agroecological? matrix 43

ㄱ

강탈에 의한 축적accumulation by
dispossession 189, 191, 194

결합총생산량combined total product 141

경관의 이종성landscape heterogeneity 50

경종과 축산이 통합된 체계integrated
crop-livestock system 68

계단식 경작지terrace 31, 132, 133,
137

공동체지원농업community supported
agriculture(CSA) 173

공정무역fair trade 96, 97, 100~101

국제농업개발기금International Fund for
Agricultural Development(IFAD) 124

국제생태농업포럼International Forum for
Agroecology 26, 183

국제식량주권기획위원회International
Planning Committee for Food Sovereignty
(IPC) 184

기능적 다양성functional diversity 41, 42,
52, 145

기술결정론technological determinism 99

기술의 악순환technical treadmill 158

농생태적 실천agroecological practice 50,
  51, 117, 123, 156, 163, 170, 172,
  181
농생태적 체계Agroecological system 53
농생태적 통합agroecological integration
  54, 55, 128, 144
농생태적 혁명agroecological revolution 86
《농업성전》*An Agricultural Testament* 76
《농장생리학 원리》*Farm Physiology Principles*
  78
농장 총 산출량total farm output 113
닐레니Nyéléni 25, 180, 183, 184, 185,
  202

ㄷ

다양화diversification 32, 37, 43, 50, 51,
  52, 53, 54, 58, 59, 63, 64, 68, 69,
  71~73, 81, 92, 99, 103, 106, 107,
  116, 130, 139~145, 146, 161,
  165, 173, 174, 198
대안농업alternative agriculture 94~103

ㄹ

레이철 카슨Rachel Carson 80
루돌프 슈타이너Rudolf Steiner 75

ㅁ

먹거리사막food desert 97
물 사용효율water-utilization efficiency 61,
  66
물 스트레스water stress 60
물질적 영역material territories 180
미기후microclimate 38, 46, 53, 61, 62,

72
민족과학ethnoscience 32
민족생태학ethnoecology 33, 83, 84, 86
밀파milpa 141~142

ㅂ

바닥덮기mulching 50, 53, 123
반다나 시바Vandana Shiva 104
볏과식물grass 42, 53
보전주의 생물학자Conservation biologist
  101~102
복토soil cover 61
복합 재배polyculture 31, 37, 38, 45, 50,
  52, 60, 65, 68, 128, 140, 141,
  142
부영양화eutrophication 40
비물질적 영역immaterial territories 180
비아 캄페시나La Vía Campesina(LVC) 26,
  92, 93, 130, 164, 165, 168, 169,
  171, 174, 185, 199
비전통적 탄화수소non-traditional
  hydrocarbon 190
비주류 마르크스주의heterodox Marxism
  88

ㅅ

사회적 과정social process 85, 86, 159,
  160, 162, 168, 171, 172, 176, 202
사회적 과정 방식social process methodology
  159, 160, 162, 171, 176~177
사회적 회복력social resilience 148
산업적 단작industrial monoculture 55,
  105, 179, 186, 200

산업적 먹거리industrial food 24, 25, 26, 27, 28, 179, 185, 186

산업적 모델industrial model 27, 179

상대적 자율성relative autonomy 90, 94

상업적 단작commercial monoculture 107

상업적 유기농commercial organic farmer 54, 63

상자텃밭raised bed 116, 134

상호성reciprocity 86

생명역동농법biodynamic farming 75, 94

생물다양성biodiversity 24, 32, 35, 40~48, 50, 52, 65, 72, 73, 80, 86, 88, 89, 93, 94, 95, 96, 101, 102, 103, 104, 110, 116, 124, 125, 128, 140, 145, 186, 190, 192

생산 증후군syndromes of production 69~71

생태경제학ecological economics 33, 83, 86

생태농업 옹호자agroecologist 22, 23, 31, 32, 73, 85, 96, 139, 182

생태농업의 산업적 식민지화industrial colonization of agroecology 196

생태농업의 원리agroecological principles 30~73, 75, 94, 95, 157, 161

생태농업학교agroecology school 160, 166, 168~170, 176

생태적 회복력ecological resilience 148

생태적 회전반ecological turntable 70

성토 경작지raised field 31, 131, 132

소규모 농가small farm 31, 33, 45, 83, 84, 85, 100, 104, 109, 110, 113, 118, 124, 129, 140, 159, 173, 174, 191

소규모 생산자small-scale food producer 111, 112

수목-축산 복합체계silvopastoral system 38

수지상균근vesicular arbuscular mycorrhizae (VAM) 66, 73

수평적 방식horizontal manner 86

슬로푸드운동Slow Food Movement 97

식량농업기구FAO 23, 24, 25, 26, 182, 183, 184, 185, 186, 187, 188, 194, 201, 203

식량주권food sovereignty 24, 35, 93, 97, 100, 103, 104, 110, 168, 170, 184, 185

식물통로vegetational corridor 48

신나로드니즘neo-Narodnism 88

신진대사의 균열metabolic rift 192

실천으로서의 생태농업agroecology as farming 172, 181

쌀 집약화체계system of rice intensification (SRI) 120

ㅇ

얀 다우 판 더르 플루흐Jan Douwe van der Ploeg 84, 88, 89, 90, 91

앨버트 하워드Albert Howard 76

에너지 효율 비율energy efficiency ratio 143

에코농업eco-agriculture 102~103

에코페미니즘ecofeminism 104~107

영역territory 90, 91, 92, 156, 169, 170, 174, 180~181, 191, 198, 200, 202

영역적 시장territorial market 174

외부 투입재off-farm input 32, 34, 43, 49, 53, 54, 55, 63, 65, 90, 94, 95, 96, 166

와루와루waru waru 131, 132

유기농업Organic farming 55, 64, 67, 76, 94, 95~99, 144, 151, 183

유기농업의 악순환organic treadmill 64

유기 작물 수확량organic yield 67

유전자 이입introgression 36

유전자조작 작물GMO 23, 24, 175, 184, 185, 187, 194, 200, 203

이브 밸푸어Eve Balfour 76

임관canopy architecture 43, 61

ㅈ

자기조직화 과정self-organized processes 161, 167

자본주의의 두 번째 모순the second contradiction of capital 192

자연농업natural farming 94, 165~167

자연발생적 생산조건naturally occurring conditions of production 192

자연의 매트릭스nature's matrix 104

자연적 교잡natural hybridization 36

자이zai 118, 119

작물체계의 다양화diversification of cropping system 81

잡초의 억제weed suppression 59

재농민화re-peasantization 87~94

전국소규모농민연합(쿠바)National Association of Small Farmers(ANAP) 164, 165

전통적 농생태계traditional agroecosystem 32, 34, 35

전통적 영농체계traditional farming system 34~37, 110

전파scale 94, 117, 151~177, 182, 195

정밀농업precision agriculture 194

정치생태학political ecology 86

제도적 진영institutional camp 24

제도화된 생태농업institutionalized agroecology 195, 202

제로예산자연농업Zero Budget Natural Farming(ZBNF) 123, 165~167

제임스 오코너James O'Connor 192, 193

조직화organization 78, 93, 159~165, 168, 170, 176, 198

종다양성diversity of species 26, 37~39, 41, 145

주류 기구large institution 24, 27, 181, 185, 192, 199

지능형 농약 관리intelligent pesticide management 63

지대 추구rent-seeking 200

지롤라모 아지Girolamo Azzi 77

지속가능한 집약화sustainable intensification 22, 185, 194

지역먹거리체계local food system 27, 179

질소고정력nitrogen fixation 43

집약적인 수목-축산 복합체계intensive silvopastoral systems(ISS) 147

ㅊ

천적 미생물microbial antagonist 59

청색혁명Blue Revolution 26

체계의 재설계system redesign 62, 64, 68, 96

촉진facilitation 56~57, 116, 164, 170, 174, 199

《침묵의 봄》Silent Spring 80

ㅋ

카르나타카농민연합(인도)Karnataka Rajya Raitha Sangha(KRRS) 165~167

칼 클라게스Karl Klages 78

콩과식물legume 37, 38, 42, 53, 54, 57, 67, 68, 71, 72, 95, 113, 118, 133, 134, 137, 138

쿠바목초지연구소Cuban Instituto de Investigacion de Pastos 128

쿠바유기농업연합Asociacion Cubana de Agricultura Organica 127

쿠바전국농민연합Asociación Nacional de Agricultores Pequeños 130

ㅌ

타감작용allelopathic effect 44, 45, 59, 70

탈농민론자de-peasantizer 89

탈농민화de-peasantization 91, 92

토양유기물soil organic matter 60, 61, 68, 72, 96, 138

토양 질소soil nitrogen 42

토지 공유land sharing 101, 102, 103

토지등가비율land equivalent ratio(LER) 130

토지 절약land sparing 101, 102, 103

통합적 토양비옥도 관리integrated soil fertility management 62

통합적 해충 관리integrated pest management 62, 63, 69, 115

투입재의 대체input substitution 54, 55, 62, 63, 64, 99, 196

틈새시장niche market 28, 97, 98, 194

ㅍ

파울로 프레이리Paulo Freire 162, 169

포식기생자parasitoid 47, 48, 81

푸쉬-풀push-pull 119~120

프랭클린 하이럼 킹Franklin Hiram King 76

피복작물cover crop 45, 50, 53, 65, 70, 71, 95, 118, 127, 137, 146, 159

ㅎ

해석의 틀로서의 생태농업agroecology as framing 172, 181

혼농임업agroforestry 31, 37, 38, 45, 51, 52, 55, 68, 81, 103, 115, 117, 145, 146, 147, 148, 156

확산scaling-out 28, 84, 85, 86, 152~156, 160, 163, 171, 174

확충scaling-up 152~159, 161, 176

회복력resilience 32, 35, 39, 41, 49, 51, 52, 60~61, 62, 73, 76, 109, 115, 145~149, 165

감사의 말

저자들은 준 보라스Jun Borras를 비롯한 '농업 변동과 농민 연구' 시리즈의 편집자와 펀우드 출판사Fernwood Publishing의 편집자에게 감사의 인사를 전하고 싶다. 또한, 초고에 대한 유용한 의견과 제안을 준 클라라 니콜스Clara Nicholls, 이베트 퍼펙토Ivette Perfecto, 미셸 핌버트Michel Pimbert 및 익명의 검토자에게도 감사한다.

우리는 농민과 선주민, 독립 과학자, 풀뿌리 사회운동가 등 다양한 생태농업 옹호자에게 많은 신세를 지고 있다. 이 책에서 옹호하고 있는 생태농업은 이들이 함께 만들어왔다고 할 수 있다. 특히 초국적 사회운동조직인 비아 캄페시나는 오늘날 생태농업운동에 비전을 제공하고 리더십을 동원하고 있으며, 생태농업과 농업개혁이 식량주권의 구축에서 핵심요소임을 분명히 밝히고 있다.

피터 로셋Peter Roset은 다음의 학자와 동료들에게 특별한 감사를 표한다. 멕시코 치아파스의 남부국경대학ECOSUR 생태농업 보급

연구그룹의 동료와 대학원생은 생태농업의 보급과 영역화라는 우리들의 집단적 사고개념을 발전시키는 데 이상적인 환경을 조성해왔다. 쿠바의 전국소규모농민연합National Association of Small Farmers of Cuba은 생태농업을 전파하는 실제의 사례를 만들었다. 치아파스의 사파티스타 주창자들은 생태농업이 자치의 실현에 구심적 역할을 수행했다는 것을 보여주고 있다. 브라질의 무토지농민운동Landless Workers' Movement은 생태농업을 지역의 황폐화를 초래하는 수탈적 자본주의와 농기업에 대항하기 위한 중요한 전략으로 위치 짓고 있다. 끝으로, 브라질의 고등교육평가지원기구CAPES의 객원교수로 지원을 받은 것도 이 책을 쓰는 데 부분적으로 도움이 되었다.

미겔 알티에리Miguel Altieri는 캘리포니아대학교 버클리캠퍼스를 비롯한 대학의 많은 학생과 동료, 라틴아메리카 농생태학회SOCLA의 회원에게 감사한다. SOCLA 회원들은 그의 연구, 교육과 사회활동에 사회적·문화적·정치적 측면도 포함하여 생태농업의 폭을 넓히도록 독려해주었다. 그는 생태농업을 알리기 위해 세계 곳곳을 다닐 수 있도록 지지해준 것에 대해 특히 동료이자 배우자인 클라라 니콜스에게 감사를 표한다.

우리는 라틴아메리카와 세계 여러 지역의 많은 농민에게 큰 빚을 지고 있다. 이들 농민은 대단한 지혜와 기술로 땅을 보살피며, 그 실천을 통해 생태농업이야말로 다양하고, 생산적이며, 회복력 있는 체계로 나아가는 길이라는 것을 보여주고 있다.

생태농업, 과학과 정치
세계 농식품체계에 대항하는 생태농업운동을 위한 메시지

지은이 | 피터 M. 로셋·미겔 A. 알티에리
옮긴이 | 윤병선

초판 1쇄 발행 | 2024년 10월 31일

펴낸곳 | 도서출판 따비
펴낸이 | 박성경
편   집 | 신수진, 정우진
디자인 | 이수정
출판등록 | 2009년 5월 4일 제2010-000256호
주소 | 서울시 마포구 월드컵로28길 6 (성산동, 3층)
전화 | 02-326-3897
팩스 | 02-6919-1277
메일 | tabibooks@hotmail.com
인쇄·제본 | (주)프린탑

잘못된 책은 구입하신 서점에서 바꾸어드립니다.

ISBN 979-11-92169-47-7 93330

책값은 뒤표지에 있습니다.

이 책은 2023년도 건국대학교 교내 연구비 지원에 의한 역서임.